老年博览
2013 年度精选

人生从60岁开始

《老年博览》杂志社 编

人民东方出版传媒
东方出版社

活到 90 岁你就赢了

文／克里斯托弗·万杰克

有一句笑话是这样说的："活到 100 岁的诀窍就是活到 99 岁。"99 岁和 100 岁差得并不远，一旦你过了 80 岁，你患癌症的可能性就会大大减少，85 岁以上的人很少患心脏病，所有健康方面的主要障碍都在 90 岁时被一扫而空，活到 90 岁，你就赢了。年龄的增长并不会导致疾病，对身体的滥用才会致病。照顾好自己，你就很有可能经历一个没有疾病的衰老过程。

哈佛大学医学院的专家研究发现，百岁老人中有超过 30% 的人觉得他们的身体状况非常良好，超过 40% 的人觉得自己很健康，20% 的人觉得自己身体不错，只有 2% 的人比较虚弱。他们之中的大多数人没有家庭医生，也认为自己不需要。哈佛大学教授皮尔斯认为，我们所有的人都有活到 90 岁的基因，只不过这些百岁老人可能早期在抵抗疾病方面有些优势。

衰老本身不是疾病，而是生命的自然过程。一些人更容易患上妨碍他们长寿的疾病并陷入不良境况。影响人体健康的三大疾病是心血管疾病、癌症和脑卒中（脑中风），它们大多会在 30 岁到 60 岁时发病，这和基因存在一定关系，但关系不大。即使你父母中有一位因为某种疾病而过早去世，你也不要认为自己注定会死于同样的疾病。的确有几种基因异常会在成年时导致几种特定的癌症或其他疾病，但通常是由于生活方式问题（如饮食、锻炼、受毒素侵害等方面的问题）带来的疾病。

影响长寿的主要因素是嗜烟、酗酒、接触到有毒化学物质、长年进行高强度的体力劳动、肥胖等，如果你可以避免这些，就很有可能健康地活到 90 岁甚至 100 岁。每天坚持锻炼，可以增强肺功能，促进血液循环，这些都是可以使你远离某些疾病的关键因素。合理饮食，也可以极大地降低你患上以上提到的三大疾病的风险。不同种类的蔬菜，能够保证身体摄取各种必需的维生素和矿物质。蔬菜中的纤维素能增强细胞功能，帮助代谢物正常排泄。脂肪堆积会导致心脏病发作和脑卒中，低脂食物可以保证血液循环的畅通，不产生脂肪堆积。大量的动物蛋白（如牛肉和猪肉中的动物蛋白）会将钙元素从骨中滤去，使骨质易碎。但是，适量食用肉类是有益的，素食主义者并不比稍微吃点肉的人更长寿。

此外，听力和视力减退，也和糟糕的健康状况相关，而不是由于年龄增长的缘故。老年性耳聋是指年纪大时的听力丧失。中耳内可以随外界声波振动的听小骨，在 60 岁以后开始明显地出现功能衰退，高频音调听力的减弱可开始于 30 岁，低频音调听力的减弱可到 60 岁才开始出现，男性听力的衰退速度是女性的两倍多。听力衰退是不可避免的，但你可以推迟衰退的到来，最重要的一点就是避免听过大的噪声。专家说，年轻的一代将会在他们 50 岁时遇到听力问题，罪魁祸首就是噪声——耳机中的噪声，酒吧和音乐会上的噪声，无数汽车、割草机、鼓风机和其他现代工业化社会中无处不在的能源设施发出的噪声。已经有医生声称，大多数男性在他们 40 岁的时候，听力已经下降到了 60 岁人的水平。

眼睛也会受到损伤。几乎每个人在 40 岁以后，都会对聚焦近处的物体感到困难，70 岁的时候会觉得读报纸的纤小印刷字有困难。眼睛的不良状况会影响我们的生活质量，但幸运的是，这是可以预防的。各国的糖尿病发病率持续增长，与糖尿病有关的青光眼和视网膜疾病也不断增长，如果不治疗的话，它们都会在早年使病人失明。高血压也可以加重眼睛的压力，使视网膜中的血管功能减弱。

因衰老而自然死亡，或许是我们离开这个世界的最好方式。

目　录

文史纵览 · 岁月深处的光辉

人间真情 · 花甲之年懂爱情

乐活指南 · 人生咸淡两由之

时代人物
谱写世纪的传奇

怀仁堂的学生们

文／陈无诤

江泽民会倾听、胡锦涛爱提问、习近平亲自做主持……这些中国最高层领导人都曾在中南海怀仁堂当过学生。而给他们上课的，则是中国各个领域最为顶尖的专家和学者。

没有开学典礼，没有班长喊起立，从 2002 年 12 月第一堂课开始，中南海的集体学习课在怀仁堂一上就是 11 年。如果沿着时间向前追溯，会发现中南海的学习氛围形成于邓小平和胡耀邦时代，在江泽民时代得到发展，并在十六大之后形成中共中央政治局的集体学习机制。

从 2002 年开始至 2013 年，11 年来，大约有 150 位来自各个领域的专家学者相继走进中南海，给中国的最高层领导集体讲课，几乎平均每个月就有一次。这种集体学习的固定模式，也是中央咨询决策、凝聚共识的渠道。

王沪宁第一次进入中南海，是 1995 年。在吴邦国、曾庆红的力荐下，由时任中共中央总书记的江泽民钦点进京，出任中共中央政策研究室政治组组长。

王沪宁现任中共中央政治局委员、中央政策研究室主任，是中国共产党内具有代表性的理论家。他也见证了政治局集体学习的整个历程。

公开报道显示，十六届中共中央政治局共进行了44次集体学习，十七届中共中央政治局则是33次。11年来，大约有150位来自各个领域的专家学者相继走进中南海，给中国的最高层领导集体讲课，几乎平均每个月就有一次。

十八大之后，新一届中央政治局延续了集体学习制度。截至2013年，十八届中共中央政治局，已进行了八次集体学习活动，都由中共中央总书记习近平主持。这八次集体学习活动，每次主题均不同——包括十八大精神、改革开放、和平发展道路、反腐倡廉、依法治国等。

"中国共产党人要坚持学习，学习，再学习"——习近平总书记对干部的学习问题可谓高度重视，而且越发系统和深入。在3月1日，他在中央党校发表重要讲话强调，在全党大兴学习之风，依靠学习和实践走向未来。

"这应该算是胡耀邦时期集体学习精神的一脉相传。"香港科技大学社会学终身教授丁学良坦言，当年在中国社科院马列所工作的他，被外界认为是胡耀邦时期的"智囊"之一。

这种集体学习的固定模式，也是中央咨询决策、凝聚共识的渠道。在政治学学者、经济学学者、《公天下》的作者吴稼祥看来，这种集体学习一定要落在实处，请的学者一定要有水平，毕竟这传递着转型中国未来发展动向的重要信号。

习近平"做主持"

在中南海丰泽园东北的怀仁堂，新一届中央领导集体自2012年

11 月产生以来，习近平总书记已经亲自做了八次中共中央政治局集体学习的"主持人"。

怀仁堂，是中南海内主要建筑之一，原为仪銮殿旧址。1949 年 9 月，第一届中国人民政治协商会议就是在怀仁堂召开的。中华人民共和国成立后，怀仁堂也经常举行重大的政治会议。

习近平担任"主持人"的"教室"，就设在怀仁堂的一个会议室内。"课桌"是由一圈圈同心椭圆形的桌子围绕而成。多数情况下，听讲人数约有五六十位。"学生"按由外向里、由后到前顺序，依次是各部委领导、中央政治局委员、中央政治局常委。

总书记坐在最内圈的前头，讲课专家则在其对面。在 2013 年 5 月 24 日中共中央政治局第六次集体学习时，主讲人是清华大学环境科学与工程研究院教授郝吉明，以及中国环境科学研究院研究员孟伟。而此前，已有约 150 位老师走进中南海，给包括政治局委员在内的高层官员上课。

郝吉明和孟伟都是中国工程院院士。作为知名的大气环境专家，郝吉明反复呼吁："中国 PM2.5 的浓度全球最高，蓝天离我们究竟有多远？"面对全国连续出现的雾霾天气，他强调说，减排才是硬道理，我国《大气污染防治法》修订"势在必行"，"在生态和环保问题上，不能越雷池一步"。

在该次集体学习时，习近平总书记强调说："生态环境保护是功在当代、利在千秋的事业。"而本期学习的主题，就是大力推进生态文明建设。

"决不以牺牲环境为代价去换取一时的经济增长。"习近平甚至有些严苛地指出，只有实行最严格的制度、最严密的法治，才能为生态文明建设提供可靠保障。

新一届领导班子上台后，集体学习有了一些创新——强调自学和互相学习。在其已经进行的八次集体学习中，有两次都是自学。第一次是 2012 年 11 月 17 日，学习主题为"学习贯彻十八大精神"；第二次是 2013 年 6 月 25 日，学习主题为"中国特色社会主义理论和实践"。

而在其他的四次集体学习中，主题也各不相同。2012 年 12 月31 日第二次集体学习的主题是"坚定不移推进改革开放"，主讲人是中央党史研究员李向前、国家发展改革委宏观经济研究院研究员王一鸣。

习近平表示，摸着石头过河和加强顶层设计是辩证统一的，要加强宏观思考和顶层设计，更加注重改革的系统性、整体性、协同性，同时也要继续鼓励大胆试验、大胆突破，不断把改革开放引向深入。随后的第三、第四、第五次集体学习，则又更进一步，核心聚焦于转型中国当下的热点问题——外交、法治和反腐——主题分别为"坚定不移走和平发展道路""全面推进依法治国""我国历史上的反腐倡廉"。

主讲人的队伍也变得越发庞大。第三次集体学习时，增加为三个"讲师"：国务委员，时任外交部部长杨洁篪；全国政协副主席，中共中央对外联络部部长王家瑞；海协会会长，时任商务部部长陈德铭。

到了第四次的"全面推进依法治国"集体学习中，"讲师"增加到五位，而且几乎都是中国司法界的"高官"——诸如全国人大法律委员会副主任委员，时任全国人大常委会法工委主任李适时、最高人民法院副院长沈德咏、最高人民检察院副检察长胡泽君、司法部部长吴爱英、国务院法制办主任宋大涵。而在 2013 年 4 月 19 日的"反腐"集体学习时，习近平更是居安思危，告诫大家要牢记"蠹众而木折，隙大而墙坏"的道理，保持惩治腐败的高压态势，做到有案必查、有腐必惩，坚持"老虎""苍蝇"一起打。

在 2013 年的 7 月 30 日，十八届中共中央政治局就建设海洋强国研究进行了第八次集体学习，中国海洋石油总公司副总工程师、中国工程院院士曾恒一，国家海洋局海洋发展战略研究所研究员高之国就这个问题进行讲解，并谈了他们的意见和建议。习近平在主持学习时强调，建设海洋强国是中国特色社会主义事业的重要组成部分。

胡锦涛"爱提问"

从 2002 年 12 月 26 日，中南海集体学习开始了第一节课。当天下午 1：30 左右，一辆黑色小车在警卫们的引导下，缓缓驶进中南海大西门。车上并排坐着一位身材高大、颇有儒雅风度的青年人，以及一位白发皓首的长者。

这位青年人就是周叶中，时年 39 岁，如今已是武汉大学研究生院常务副院长、武汉大学比较宪法研究中心主任。而那位白发苍苍的老人，则是中国人民大学教授许崇德——一位受人尊敬的中国宪法学泰斗，时年 73 岁。

周叶中是我国著名的宪法学家，他编写的《宪法学》教材哺育着成千上万的青年。当天距离正式上课还有一刻钟，时任中共中央政治局常委温家宝走进怀仁堂，老远就向许崇德和周叶中招手示意，连声喊"老师好"。

周叶中早在 1984 年，就同恩师许崇德有过往来。"当时我是何华辉教授的硕士研究生，一天许教授来访，我们就认识了。这些年来，他像指导自己的学生一样指导和提携我。许老也是我一位难得的恩师。"

让周叶中倍感亲切的是，温家宝称呼一同前往的许崇德教授为"许老"。温家宝走近后，紧握着他的手，说："我们今天来听你的课，都是你的学生。"胡锦涛随后迎面走来，首先与许崇德握手，还讲起了许崇德对宪法的贡献。

课程原定于下午 2 点开始，但九个常委和其他一百多名听课者 1 点 50 就到齐了。胡锦涛提议提前讲，争取让教授们多讲一点儿。刚开始时周叶中还有点紧张，但很快就进入了状态。"我讲了一会儿，很快就进入老师的角色，也没在意下面坐的是多大的领导，一点也不紧张了。"

这是中南海集体学习的第一堂课。许崇德曾参与制订"54 宪法"和"82 宪法"，是宪法学泰斗；而周叶中 24 岁就成为中国宪法学学会最年轻的理事，代表法学界的新生力量。

周叶中回忆称："讲稿反反复复修改了十多遍，还熬了几个通宵，司法部领导也经常加班到深夜。几轮试讲的时候，至少有十几位部级领导和专家来听。这些领导和专家的意见对我们有很大帮助。而且也能看出，这些课题都是集体智慧的结晶。"

这似乎有着惊人的巧合。十六届、十七届中共中央政治局的第一堂课，都是在当届一中全会闭幕一个多月后开始的，学习的内容均与法律有关，都邀请了法学专家来"授课"，所谓"先学法而后治国"。

相比习近平总书记喜欢做"主持人",前总书记胡锦涛则"爱提问"。尽管已有将近十年,秦亚青教授仍清晰地记得他当时在中南海讲课的情景。

这位外交学院的常务副院长,想起当时的情景依然记忆犹新:"我们从2003年10月开始准备讲稿,用了四个月的时间,大家一起商量,开过几次研讨会。"当时他是十六届中共中央政治局学习"世界格局和我国的安全环境"一题的主讲人之一。

"2004年2月23日的中共中央政治局集体学习上,我和中国社会科学院张宇燕研究员每人讲了45分钟。"秦亚青说,"讲课结束后的讨论中,时任总书记的胡锦涛同志第一个提问,询问有关金融安全的问题,我们分别给予了回答。学习结束后,胡锦涛同志又和我们就这个问题单独进行了探讨。"

中共中央政治局集体学习主题的确定,主要有两个途径:一类是高层领导亲自点题;另一类是由中共中央办公厅等相关课题组人员根据当前热点问题进行筛选并报批。"人员筛选和邀请一般都是中共中央办公厅的相关人员负责,最高领导人一般不会主动提出要求的。"熟悉中南海集体学习内幕的吴稼祥说。

一般来说,每次集体学习时间在120分钟左右。通常由两位讲师联合授课,年龄结构上"老、中、青"兼备,主要集中在45～55岁之间,且多是研究所研究员与大学教授的组合。每位讲师按照既定计划各讲40分钟,之后30分钟用于讨论和提问,最后环节由总书记总结发言,再宣布学习结束。

曼德拉：闪耀人性光辉的一生

文／十年砍柴

2013年7月18日，是纳尔逊·曼德拉95岁的生日。就在这个日子即将来到的一个月前，曼德拉病危，南非的国民和全世界无数人为这位伟人祈福。在这个世界上，曼德拉走过了九十余年漫长的人生路，他所创造的伟业——带领黑人抗争，争取自由，促成种族和解，消除了南非最大的社会隐忧。他当选总统后，遵循宪政体制，不贪恋权力，为新南非后世当政者做了表率。这些足以使他不朽。

但曼德拉的伟大之处并不在于这些，他的一生展现了人性可能达到的高度。在"厚黑学"流行的政坛，一个曾被敌人囚禁了近三十年的政治家，靠的不是诈术、权谋来赢得成功，而是靠高尚的品德、坚定的信念和高超的智慧赢得成功与世人的尊重。曼德拉也向人们展示了另一种可能：在法治环境下，权力运行更透明，政治可以变得更干净。

逃婚闯进约翰内斯堡

1918年7月18日，曼德拉出生在南非东开普省特兰斯凯地区的一个村庄。曼德拉的父亲恩科西·曼德拉是一位酋长。曼德拉出生后不久，父亲因为得罪了英国殖民当局，被褫夺了酋长之位，家庭陷入困顿，其母只好带着曼德拉回到娘家库奴村定居——至今，库奴村仍是曼德拉家族聚会的据点。

七岁那年，曼德拉被送到一所教会办的小学开蒙，接受地道的英式教育。九岁那年，其父患病而亡，曼德拉面临失学。这时，他生命中的"贵人"出现了。他父亲还是酋长的时候，王国老国王驾崩，嫡妻所生的儿子继承王位，但由于年幼无法处理政事。老曼德拉力排众议，拥戴出身寒微的荣欣塔巴摄政。在他知道来日无多时，将曼德拉托付给摄政王。

父亲的丧事刚毕，曼德拉便被摄政王接到了泰姆布王国的王宫里抚养。摄政王和王妃将其视若己出，曼德拉很快和摄政王的亲生儿子、年长自己四岁的佳士提斯一起上学，成为好友。

1938年，曼德拉考入当时南非黑人的最高学府、同样位于东开普的福特哈尔大学攻读文学士学位。在其最后一个学年，曼德拉参加学潮，得罪了校方，在快要拿到毕业证之时被勒令退学。

摄政王对自己的养子和亲生儿子（佳士提斯未能考上大学）很头痛，决定给他俩各自娶亲，但哥俩坚决反对包办婚姻。1941年，两人逃婚逃到了南非最繁华的约翰内斯堡。

从黑人中产者变成自由斗士

曼德拉闯进了约翰内斯堡，开始了"北漂"生涯。很快，曼德拉被介绍进一家犹太人开的律师事务所当律师助理。介绍人是他的政治引路人、非洲人国民大会重要的领导人瓦尔特·西苏鲁。

工作之余，曼德拉参加南非大学的函授学习，于1942年获得文学学士学位。

1944 年，曼德拉正式加入"非国大"。也在这一年，他与护士伊芙琳成婚，并陆续生育了两儿两女（其中长女夭折），在约翰内斯堡的奥兰多地区获得了一套小小的公租房。这个来自东开普省乡下的孩子，开始跻身于中产者的行列。

曼德拉进入"非国大"时，非国大只是一个松散的政治组织，领导人希望走上层路线，恳求白人当局开恩，使黑人的处境得到改善。曼德拉等"少壮派"进入非国大后，认为这样做是与虎谋皮，他们在非国大内部成立了一个组织严密、执行力强的"青年联盟"。后来又通过大会选举更换了领导层。态度强硬的少壮派主导了非国大的方向，非国大和白人当局的冲突日趋激烈。

此时，南非上台执政的国民党推行了更为严酷的种族隔离政策。南非当局的白人议会颁布实施一系列剥夺黑人权利、强化种族隔离的法律。非国大的罢工、集会、游行等抗争遭到残酷镇压，非国大也被宣布为非法组织而遭取缔，工作被迫转为地下。

在曼德拉的倡议下，非国大成立了武装斗争的指挥中心——"民族之矛"司令部，着手组建武装力量。曼德拉和非国大领导层采取的是最低烈度的武装反抗方式——用爆炸破坏电力、交通设施，给白人统治者以心理上的震慑，希望因此迫使当局走到谈判桌上。而且从一开始，曼德拉就抛弃"非洲是非洲人的非洲"、要将已在南非定居两三百年的白人赶回欧洲老家的极端主张。

在 1955 年由非国大提议、南非多种族的政治团体参加签订的《自由宪章》中，开宗明义宣称："南非是居住在南非的所有人的南非，不管是黑人或白人，除非根据人民的意愿，没有任何政府能够声称对它享受统治权。"

这种理性的态度使得曼德拉后来身处任何残酷条件下都没有迁怒普通的白人，自始至终坚持白人与黑人一律平等、都是南非主人的主张。

因为参加政治运动给家庭带来的巨大风险，曼德拉不得不和伊芙琳离婚。离婚后不久，他遇到了温妮，两人结为伴侣，并生育了泽尼和津齐两个女儿。

把囚禁当作修炼

1962 年 8 月，偷渡出国进行半年访问的曼德拉，潜回南非被警察逮捕，南非司法当局以"偷越国境"等罪名判处其五年徒刑。就在曼德拉被押送到罗本岛服刑期间，南非警察突袭了位于一座农场的非国大指挥中心，起获了大量有关组建"民族之矛"进行武装斗争的文件，曼德拉遂被押回行政首都比勒陀利亚受审。

这就是让全世界震惊的"利沃尼亚大审判"。曼德拉是第一被告人，公诉人指控曼德拉等人犯有"破坏罪和阴谋推翻政府罪"。

南非政府希望将曼德拉等人送上绞刑架，以此永绝后患。终于在强大的国际、国内压力下，主审法官判处曼德拉等人终身监禁，曼德拉又被押回罗本岛服刑。曼德拉长达近二十八年的监狱生涯，大部分在罗本岛度过。

曼德拉被独自关在一个不到五平方米的监室里，一躺下几乎能覆盖整个地板。曼德拉服刑的前十年，是他最为难熬的时期。除了恶劣的生活条件和繁重的苦役外，曼德拉遭遇了人生最悲伤的两件事：1968 年母亲去世，1969 年他的长子桑比车祸丧生。曼德拉要求在警察的看押下去料理后事，被当局粗暴地拒绝了。

无论环境如何恶劣，曼德拉都坚信自己一定会活着走出监牢，因此他一直坚持在囚室中原地跑步锻炼身体。同时，曼德拉和他的狱友建立了秘密信息传播渠道，曼德拉成为了当之无愧的犯人领袖。

曼德拉囚禁在罗本岛的后期，由于国际社会的压力以及种族隔离给政府财政带来的巨大负担，白人当局开始试图另辟蹊径解决南非的黑白种族对立和冲突，曼德拉和其他政治犯的待遇得到了改善。他们可以参加监狱外大学的函授学习，曼德拉本人就是英国伦敦大学的一名学生。他在学习之余，获准在监狱里开辟一个小菜园。

艰难的和解

1982年4月，南非中央政府命令监狱管理部门将曼德拉、西苏鲁等"利沃尼亚大审判"的要犯，从罗本岛转移到开普敦东南郊白人区的波尔斯穆尔监狱，安置在一栋三层楼的顶层。这是个大套间，厨卫设备先进。

白人当局的这一"怀柔"政策，发出和谈的信息，曼德拉也在等待这一天。

1989年7月5日，曼德拉和当时的博塔总统在总统府会面，南非历史艰难地翻开了新的一页。博塔不久因中风而不得不将权力移交给副总统德克勒克。很快，德克勒克正式接任总统并推进改革，1990年2月初，德克勒克在议会上宣布解除党禁，承认非国大等政治组织的合法地位，释放政治犯。

1990年2月11日，曼德拉走出监狱。获得自由的他立刻以非国大和黑人领袖的身份与政府进行和谈。

和谈是艰难的，几百年来两个种族的对立和冲突，留下的伤痕实在太深了。不但要与白人集团讨价还价，而且还要和黑人内部其他政治派别如因卡塔自由党谈判、交锋。最终，曼德拉和德克勒克、图图等人进行了合作，避免了南非陷入内战的深渊。1993 年，曼德拉和德克勒克分享了诺贝尔和平奖。

1994 年 4 月 26 日，南非如期举行大选，数百年来被视为异类而被褫夺公民权的黑人拥有了和白人一样的投票权。非国大获得了 62.65% 的选票，成为议会第一大党，曼德拉当选为总统。

身居总统高位后的曼德拉面临的第一件大事，就是如何处理种族隔离时期内众多的严重侵犯人权案。如果严厉清算白人官吏、军警犯下的罪行，五百多万白人必定会强烈反弹；然而如果采取一笔带过，根本不对这段历史进行清理与反思，数千万黑人则很难接受。

南非种族要实现和解，受害者对施害者必须宽恕，但宽恕绝不是和稀泥。

在图图大主教和白人执政时议会中反对派议员伯莱恩的努力下，南非创造了因人而异、因罪而异的大赦方式，成立了"真相与和解委员会"。1995 年，南非议会通过了《促进全国团结与和解法案》。大赦的前提是必须弄清真相，责任人必须公开承认罪行并表示忏悔。

忘掉荣耀，不做圣人

1999 年，曼德拉的五年总统任期结束。早在 1997 年 12 月他辞去非国大主席一职时，就表示不再谋求连任。他把一个经过五年治理已基本实现种族和解、经济走出低谷的南非交给了继任者姆贝基。议会通过决议，尊崇其为"南非终身名誉总统"。功成身退的曼德拉被看作新南非的"国父"。

2009 年，联合国将曼德拉的生日 7 月 18 日确定为"国际纳尔逊·曼德拉日"。

美国总统奥巴马在曼德拉的著作《与自己对话》序言中说："这些年来，我怀着十分谦卑的心情关注着他，崇拜着他。同时，他在追求公正公平梦想过程中所做出的牺牲也激励着我。如今世界充斥着冷漠和绝望，而曼德拉的人生故事正是与这样的世界对抗的过程。他从一名囚犯到一个自由的人，从一位追求解放的斗士发展为推进和解的热心人士，从一个政党领袖到一位国家总统，致力于推进国家的民主进程和发展。卸任后，曼德拉继续为实现公平、机会均等和人类尊严而努力工作。他对改变这个国家乃至整个世界做出了巨大贡献，很难想象，在过去的几十年中，如果没有他，历史会变成什么样。"

但曼德拉曾经说过："在监狱中，我担心一件事情，那就是自己在不知不觉中会被外界塑造成圣人的形象。对于圣人，有一种世俗的定义，即圣人就是不断努力尝试改变自我的罪人。但是，即使按照这个定义，我也算不上是圣人，我从来都不是。"

朴槿惠：嫁给韩国的女人

文／储信艳

　　她没有父母双亲，出身豪门的她年轻时便遭遇父母先后被刺杀的厄运；她没有丈夫子女，政治家庭的悲剧让她始终抗拒婚姻；她二十多岁便踏入政坛，以女儿的身份成为韩国特殊的"第一夫人"；她钟爱中国文化，冯友兰的《中国哲学史》曾伴她度过最痛苦的时光。她就是朴槿惠。60 岁那年，她成为韩国历史上、乃至整个东北亚地区近现代史上首位女性国家元首。

　　60 年的人生中，朴槿惠几起几落。作为前总统朴正熙的长女，在母亲遇刺身亡后代行"第一夫人"职责；在父亲被枪击身亡后，她不得不离开青瓦台，过了十几年的"隐居"生活，精神上承受极大痛苦；20 世纪 90 年代，重返政坛的朴槿惠屡次制造选举神话，直至如今重返青瓦台。

"痛苦，那是因为我活着"

　　2012 年 11 月 19 日的大选，大部分韩国老年人将选票投给了朴槿惠。在 50 年前，朴槿惠就已经是他们心目中的"公主"。

　　"因为父亲是总统，我也逃避不了历史的漩涡。"2012 年 9 月，朴槿惠对父亲执政时期的问题公开道歉，承认父亲曾破坏民主。

朴槿惠的父亲朴正熙是韩国最具争议的总统之一。在他治下，韩国实现了"汉江奇迹"的经济腾飞，但反对者也指责朴正熙是"独裁者"。1961年，朴正熙以政变方式推翻李承晚政权，时年九岁的朴槿惠成为了"大令爱"。

朴槿惠从小学时便开始熟读《三国志》，非常喜欢赵子龙。她曾经开玩笑地说："回头一想，我的初恋是不是就是赵子龙啊，每当他登场的时候我的心总是跳得厉害。"

高中时期，朴槿惠的学习成绩一直是第一名，不过也有"过度成熟"和"因过度慎重而沉默寡言"的评价。

虽然母亲陆英修非常希望朴槿惠学习史学，但她却考入了西江大学电子工学系。母亲曾经多次说："槿惠好像没有选择普通女性所选的平凡道路。"

"作为总统的女儿，并非如想象般美好。"朴槿惠曾说。

朴槿惠人生的第一次转折是因为母亲的遇刺身亡。

1974年8月，陆英修被开枪射杀。此时22岁的朴槿惠正在法国与朋友们旅行，匆匆回国也没有见到母亲最后一面。

由于父亲不肯续弦，年轻的朴槿惠代替母亲履行"第一夫人"的责任。"她从小就学会了政治和外交等治国经验，这是她的很大优势之一。"韩国檀国大学教授金珍镐认为。

在朴槿惠当时的日记中，记载了这样一句话："现在我的最大的义务是让父亲和国民看到父亲并不孤单。洒脱的生活，我的梦想，我决定放弃这所有的一切。"

第二次转折是在五年后。1979年10月26日，朴正熙到情报部长金载圭官邸吃晚饭。席间朴正熙斥责金载圭工作不力，金载圭一怒之下，拔枪将总统射杀。

"前方有没有异常？"这是朴槿惠得知噩耗后第一句话。

父亲的死对朴槿惠打击巨大。她身上出现不明斑点，没有医生能确切诊断。朴槿惠曾在1981年的日记中这样写道："痛苦是人类的属性，它能够证明人还活着。"

"她的父母都被杀死了，她很难相信其他人，不会将自己的感情表现出来。"韩国资深媒体人李成贤对此深有感触。

在支持者眼中，正是这样的跌宕人生，塑造了朴槿惠坚韧的品格。"她是一个承受了悲剧的人。"美国韩国问题专家梅雷迪斯说。而在反对者眼中，朴槿惠是"独裁者"的女儿，是独裁政治的延续。

父母的相继离去，不仅令朴槿惠经历丧亲之痛，同时遭遇了令人心寒的背叛。

朴正熙死后，朴槿惠和弟弟妹妹离开了青瓦台，回到老屋中居住。随后的韩国总统全斗焕掀起了一场批判朴正熙的运动。

朴槿惠曾在电梯里见到了朴正熙时期的一位部长，她高兴地招呼"您好"，但此人直到出电梯都没有看她一眼。

艰难岁月中读冯友兰

"她不开放，不与任何人沟通。她不热情，也不冷酷，只是冷冰冰的，一直都这样。朴槿惠与所有人保持距离，这是她的标志。"一位曾经和朴槿惠共事的人这样评价她。也有很多人批评朴槿惠没有自己的想法，或者不知道她的心里在想什么。

金珍镐表示："是有这种说法，不过朴槿惠的幕僚说，她很和气，办事冷静，很客观，用机械的方式来分析事情。"

自从 1979 年离开青瓦台，朴槿惠开始在一些非政府组织中任职，远离政坛。

由于家世影响，朴槿惠虽年轻时也有喜欢的人，甚至戏称"初恋"是赵子龙，但她最终放弃了婚姻。1982 年，堂哥朴在鸿劝朴槿惠结婚，她极力反抗，说："哥哥，以后请不要再说这样的话。"

朴槿惠精通中文，尤其钦佩冯友兰。二十多岁时曾面临难以承受的考验和痛苦，她说，在艰难的岁月中，《中国哲学史》蕴含了让她变得正直和战胜这个混乱世界的智慧和教诲。

朴槿惠曾在台北文化大学获得名誉文化博士学位，也曾访问大陆，发表"韩国新村运动的成果"的演讲。

带领"男人党"走出绝境

20 世纪 90 年代末，经历了金融危机的韩国人，开始怀念朴正熙时代的高速发展。此时，朴槿惠适时地回到了公众视线。

"如果只有我自己舒舒服服地活着，那等我去世后就不能堂堂正正地见父母。"1998 年，45 岁的朴槿惠打出"为父亲未竟事业尽一点力"的口号，以压倒性优势当选国会议员。

朴槿惠加入了大国家党（新国家党的前身）。此后，她先后五次高票当选国会议员，获称"选举女王"。2004 年，当大国家党由于政治丑闻濒临绝境，朴槿惠挺身而出当选党首。一年之后，朴槿惠成功带领大国家党重返第一大党位置。

朴槿惠为以男人为中心的大国家党带来一股清风，她佩戴母亲的首饰，模仿母亲的发型。许多韩国人认为，朴槿惠具备传统韩国妇女的温柔、有礼、安静和耐心，同时又继承了父亲的钢铁意志。

改写地区政治史的女人

2006 年 5 月，地方选举期间，朴槿惠遭到不明身份男子用文具刀袭击，右脸被割伤，医生为她缝了 17 针。遇刺后，朴槿惠用手捂住伤口，仍想发表讲话。

2007 年，虽然在党内总统候选人竞选中败给李明博，但五年后，60 岁的朴槿惠终于成功。这位曾以撒切尔和英国女王为榜样的"冰公主"，成为改写东北亚地区近现代政治史的女性。

朴槿惠曾说："我没有家庭可以照顾，没有子女可以继承财富。国家是我唯一希望服务的对象。"

韩国媒体称，朴槿惠一生独身，她是"嫁给韩国的女人"。

茅于轼：三十余载如一梦

文／刘君萍

院里静谧安详，杨树刚吐出嫩芽，草丛里的三两只猫正沐浴着阳光呼呼大睡。2012年刚获得美国米尔顿·弗里德曼促进自由奖的中国经济学家、时年84岁的茅于轼先生，就住在这个院子里。

很长时间里，茅于轼是媒体最容易约到的"大牌"经济学家，差不多每天都有媒体要采访他，只要稍有诚意，他都很少拒绝。这些年，他的身体状况不太好，夫人赵燕玲女士会帮他推掉一些约访。

那天，他邀请我们去家中坐坐。按下门铃时，他正在书房阅读两份材料，一份是来自日本的会议邀请，一份是体检报告。我们进门后，他起身从书房出来，招呼大家入座，又叮嘱大伙把外套脱了，"家里太热，你们出去会感冒"。

我问体检报告结果如何，他笑呵呵地点头说还行。夫人赵燕玲在一旁说："指标都在临界，这次去医院，血压也很高，说是累的。"赵燕玲女士小他五岁，两人没有保姆，日常生活全由她一人操持。

茅于轼微笑着坐下来，然后从西装口袋里掏出一个黑色盒子，一边取出助听器塞入右耳麦，一边说："有些聋了，听力不好了。"他的行动略有些迟缓，脸上的老年斑也已非常明显，但他看上去依然神采奕奕，头发梳理得一丝不乱，白色衬衣、灰色毛衫、灰色西装也搭配得干净得体。在加拿大的女儿回家探亲时，把一枚银色心形胸针别在父亲的这件西装衣领上，显得雅致可爱，他一直没舍得摘下。

茅于轼一生的命运，与这个国家的变革息息相关。17岁便考入上海交大机械系，毕业后分配在齐齐哈尔铁路局，任火车司机、技术员、工程师。29岁被划为"右派"，下放至山东农村劳动。"文革"时，他再次受到冲击，被抄家、批斗、殴打，最后发配到山西农村接受劳动改造，直到49岁获得平反。

前些年，茅于轼出版了自传《八十回望》，他写道："茅家历来思想自由。"他的父亲茅以新是铁路机械工程师，伯父茅以升是著名桥梁建筑专家。

茅于轼说，在这样的知识分子家庭成长，他从小接受的教育就是自由、平等、开放。但让他改变最大的，还是56岁时调入社科院美国所任研究员的经历，尤其是1986年赴美国哈佛大学做访问学者后："我研究并看到一个市场经济国家的经济是怎么运作的。"

他还饶有兴致地跟我们讲道，柏林墙倒塌时他正在东柏林游学，在电视上看到直播，他很激动。回忆起那一幕，他说："要不是改革和邓小平南方讲话，中国就完蛋了。"

1993年从社科院退休后，他与其他四位经济学家创办天则经济研究所，又筹资创办富平保姆学校、山西小额贷款项目。现在，他一边做这些公益项目，一边写作、演讲，接受各类采访，乐此不疲地在各种场合讲述他认可的价值观——平等、自由、人权、法治、宪政。他说这"不可抵御"，因为"信息是不可逆的，你还想回到秦始皇时代，那不可能了"。

这些年，在国内，茅于轼经常被人贴上"自由化"的标签，他似乎乐在其中。"我觉得很荣幸，我是个提倡自由的人。"他说，"共产党就是解放老百姓的，解放就说明人需要自由，对不对？"

在我们拜访他的前一天，平日很少看电视的茅于轼，在电视直播里听完了习近平在两会上关于"中国梦"的发言，他感慨道："其实中国已经实现一个梦了，过去的三十多年就是一场梦。如果一个人三十年以前睡一觉，到今天醒过来，他以为是自己在做梦呢。"

海伦·斯诺：真正到达并记录了延安的人

文／侯健美

"不要你的帽子，我自己找毛泽东要"

1937年4月21日，北平火车站徐徐开出一趟去往西安的列车。海伦·斯诺坐在列车头等车厢里，随身携带着一个硕大的柳条箱。

海伦要去的地方是延安。

几个月前，她的丈夫刚刚结束了对红色政权的采访，从保安归来。回家后的两三天里，埃德加滔滔不绝地给海伦讲他的陕北见闻，说个没完没了。海伦几乎无法相信，在中国偏僻闭塞的西北一隅，竟然有这样的新思想、新人物，以一种前所未有的崭新力量建设新文明，开辟新天地。当埃德加要对采访毛泽东的笔记进行整理、删节和改写时，海伦大惊失色，她建议原封不动地保留毛泽东亲口所讲的每一个字。最终，埃德加接受了妻子的建议，这部分内容就成了《西行漫记》里最经典的一章——《一个共产党员的由来》。

埃德加从陕北归来时，带回一顶灰色的旧军帽，上面缀着一颗褪了色的红星。海伦对这顶红军军帽满心喜爱，埃德加慷慨地表示可以送给她，但海伦拒绝了："我不要你的帽子，我自己找毛泽东要。"在这一刻,她已经下定决心要亲眼去看看那些照片和笔记上记载的事实。作为一个女性作家,她还希望从自己的角度去搜集更多被丈夫遗漏掉的素材。

1937年初,东北军从延安撤离,中共中央机关和军委总部从保安搬进了延安城。当海伦得知5月初中国共产党将有一次代表大会在延安召开时,她知道机会来了。

逃出西安奔向红区

1937年4月23日,火车载着海伦开进了西安车站。就在海伦到达西安的几天前,西安被南京政府完全接管了。南京政府已经颁布了禁令,禁止任何新闻记者进入西安周围的军事区域。

1937年4月底的西安,细雨霏霏。透过雨雾,能望见围绕西安的古城墙。只要越过那道城墙,三个小时车程之外就是三原。从三原再走几里路,就可以到达云阳村,彭德怀率领红一方面军就驻守在那里。所以对海伦来说,最难的问题在于,如何才能出得去那座城门。因为无论她走到哪里,都有两名警察紧紧跟随。

然而多亏了西京招待所的周经理,将一个名叫肯普顿·菲奇的美国青年介绍给海伦。在菲奇的引领下,海伦终于见到了愿意送她去三原的汽车和汽车司机,司机是杨虎城将军手下的人。第二天一早,汽车威风凛凛地驶过一道道城门,出城而去。

"延安是我的地盘"

汽车从三原经云阳到达延安,休息了一宿之后,海伦的头还是昏昏沉沉的。但一大早,毛泽东和朱德就来她居住的院子里欢迎她的到来。在回忆录里，海伦这样记述她见到两位革命领袖时的第一印象："朱德双手插在袖筒里，谦逊地坐在破旧的桌子后面，他的平头上依然戴着帽子。而毛泽东把他的椅子拉离桌旁，摘下他柔软的红星帽，让浓密得令人吃惊的黑发滑落到耳旁。"

随后的几天里，海伦忙得不可开交，结识各式各样的人。对海伦来说，红军的一切都是新鲜的，是值得记录的："在延安，红军当然没有酒，甚至也没有茶；他们喝白开水，他们都是志愿兵，没有薪水。他们展开小组竞赛和作鉴定，每分钟都以此为享乐。"

海伦还惊讶地发现，红军并不像一般人想象的那样闭塞和土气，他们也爱好"摩登"的东西。"每个人都梦想在自己口袋上别一支钢笔，即使是不能用的也想得到一支。"

海伦热爱延安。她曾饱含深情地写道："延安城的位置宛如镶嵌在城墙上的珠宝和戴在群山上的王冠。这座城市以它美丽的容貌而骄傲，雕刻华丽的大理石牌楼横跨狭窄的街道，一座座砖砌的瓦房有围墙相间。"当时的延安完整地保存着宋元古风。

几十年以后，由海伦拍摄并保存下来的延安古城照片成了这座城市最珍贵的记忆。在今天的延安和延安大学，学者们正在开创一门名为"延安学"的学问，他们对于海伦·斯诺的著作都很熟悉，因为她的著作是多年来第一部描写延安的书——而她的丈夫采访红军时，延安还在东北军管辖之下。

"《西行漫记》是两个人合作、两次西行的产物。"

1937年在延安，海伦约见了很多人，提出了成千个问题。按照军事科学院高级研究员鲍世修的统计，除了访问毛泽东，海伦还采访过朱德、彭德怀、徐向前等十多位红军将领。在战事仍频、居无定所的岁月里，红军将领们根本没有时间去从容地书写或记录些什么。海伦的采访，恰好弥补了我军早期高级领导人疏于笔录的空白。

作为一名女性，海伦还对革命队伍中的女性和"红小鬼"给予了许多关注。康克清、蔡畅、丁玲与她成了无话不谈的朋友。

当然，海伦始终没忘自己此番西行的首要任务——帮埃德加做补充采访。朱德总司令是她第一个想采访的人。由于长期的新闻封锁，外界对红军的了解极少，很多人甚至将"朱毛"当成是一个人。埃德加在保安采访时，朱德率领的红军队伍尚未到达陕北，这部分采访得靠海伦替埃德加补上。

在海伦的眼里，"朱总司令是个头发灰白的50岁的老战士，至少有半生岁月是在激烈的战斗中度过的。在他脸上深深的皱纹中，仿佛写下了中国没完没了的内战中各次战役的悲惨故事。他的嘴巴老是带着忧愁与严肃的表情，可是，他一笑起来，满脸笑容，令人心醉。"

6月间，海伦托人将14本采访笔记和她拍的20多个照片胶卷从延安带回北平，交给埃德加，正好赶上《西行漫记》的收尾阶段。有关朱德的第一手材料和11张照片及时地补充到书中。这年7月，在日军进犯北平的隆隆炮声中，埃德加完成了书稿，10月以《红星照耀中国》为名在英国伦敦正式出版，并很快有了名为《西行漫记》的中译本秘密流传。

"所以，《西行漫记》是两个人合作、两次西行的产物。"几乎所有研究《西行漫记》的专家都这么说。

八旬老人，带领"旅行者"飞出太阳系

文／高　峰

2013 年 9 月 12 日，美国宇航局（简称 NASA）宣布："旅行者 1 号"探测器已经飞出了太阳系，进入恒星系之间的星际空间。这使它成为人类第一个造访星际空间的使者。"旅行者 1 号"迄今已在太空飞行了 36 年，距离地球 187 亿公里，是地球与太阳距离的 125 倍。

目睹着"旅行者 1 号"渐行渐远的身影，有一个人的感情最为复杂，他就是"旅行者"项目的首席科学家爱德华·斯通（下文称斯通）。斯通参加"旅行者"项目已 41 年，同事们都认为："斯通已经和'旅行者'紧紧绑在一起了！"

因苏联发射人造卫星改学天体物理

1936 年，斯通出生在美国爱荷华州诺克斯维尔市。父亲从事建筑工作，整天与机械设备打交道。斯通耳濡目染，从小喜欢看《大众科学》这类科普读物，还自己制作了一部无线电接收器。

上初中时，一位老师告诉他芝加哥大学的物理专业很有名，天才物理学家费米就在那里执教。高中毕业后，斯通报考了芝加哥大学，准备攻读核物理。1957 年 10 月，苏联成功发射了第一颗人造卫星。这激发了斯通对天体物理的兴趣，于是他转到这一专业，并最终取得了博士学位。

此后，斯通参与设计了搭载在卫星上的宇宙射线探测装置。这项研究帮他在加州理工学院得到了一份工作，1976年他当上了物理学教授，之后还担任过物理、数学和天文学系的主任。

斯通的出色工作吸引了喷气推进实验室（简称JPL）的注意，该实验室堪称NASA最著名的实验室，负责为NASA开发和管理无人空间探测任务。JPL当时正在准备一个新项目——向木星和土星发射探测器。1972年，斯通正式加入该项目，并担任首席科学家，主要任务是协调不同科学家小组的科研工作。1977年，"旅行者2号"和"旅行者1号"先后发射升空，这个项目也因此被正式命名为"旅行者"。

20世纪80年代，斯通频频出现在美国的电台和电视台，向公众介绍"旅行者"太阳系探测项目，吸引了不少"粉丝"。此后在NASA的14次太空探测任务中，斯通9次担任首席科学家，5次担任联合首席科学家。由于成就卓著，斯通1984年就当选了美国科学院院士。

1991年，斯通担任JPL主任，成功领导了"伽利略"号探测器围绕木星的探测任务，并向土星发射了"卡西迪"号探测器。1997年，"火星探路者"号在火星表面成功着陆，被认为是他事业的高峰之一。2001年，他从NASA退休，在加州理工学院担任全职教授，但仍是"旅行者"项目的首席科学家。

36年飞行200亿公里

"旅行者"项目是NASA最具雄心的星际探险计划，最初目标是对太阳系的木星和土星进行近距离探测。"旅行者2号"于1977年8月20日升空,"旅行者1号"于9月5日升空。作为人类出访外太阳系的第一批使者,它们还携带了一张黄金碟片,上面刻着外星人可能感兴趣的东西:115幅人类、动物以及机场的图像,地球上不同语言的问候,卡特总统的信,还有90分钟的音乐。

尽管"旅行者1号"发射较晚,但它选择了一条飞行速度更高的轨道,并于1979年3月率先抵达木星;"旅行者2号"则在近4个月后才姗姗赶到。随后它们又先后向土星进发。在结束对土星的探测后,"旅行者2号"改变航向,于1986年1月抵达天王星,1989年8月抵达海王星。此后两艘飞船的主要使命便是一直向前,寻找太阳系的边界。

36年来,这两位"旅行者"飞行了近200亿公里,给科学家带来许多惊喜:新发现了22颗卫星,包括3颗木星卫星、3颗土星卫星、10颗天王星卫星和6颗海王星卫星;海王星和天王星磁场有很大倾角,偏离了行星体自转轴,与太阳系其他大行星迥异;木卫一表面有活火山活动,这是除地球以外唯一存在活火山活动的太阳系天体;海卫一表面存在着活跃的喷泉结构以及稀薄的大气;木星、土星和海王星存在极光现象;海王星上存在超大规模的强劲飓风系统,而在此之前科学家一直认为海王星的温度过低,不可能有大气湍动现象……

另一方面,随着科技的发展,"旅行者"也落伍了。它的内存很小,只能存储几千个词;电脑系统每秒只能处理8000条指令,远逊于我们的智能手机——每秒可以处理140亿条指令。由于能量不足,探测器上的电视摄像机20世纪90年代初就被关掉了;最初搭载的

10 件探测设备中，"旅行者 1 号"上只有 4 个在工作，"旅行者 2 号"上还有 5 个在工作。

给科学家当裁判

虽然"旅行者"的考察硕果累累，但作为项目总协调人，斯通自始至终都不敢放松。"旅行者 2 号"升空后，搭载的部分探测设备没能充分展开；半年后，它的主无线电接收器彻底坏了，工程师不得不启用备用系统……这都让斯通承担了很大压力。

斯通的手下有 11 位任务组的组长。由于各组都想让"旅行者"优先执行自己的任务，大家经常打架，最后只能由斯通来拍板。这么多年来，斯通已经积累了 44 个笔记本，上面密密麻麻地记满了每个组的工作、任务日志等。他想让所有人都知道他会综合考虑各种因素，一碗水端平。同事艾利斯·米纳曾说："我们知道斯通永远公平。"

即使这样，冲突也在所难免。有一次，负责测量低能带电粒子的小组与光谱小组发生了矛盾——前者需要粒子探测器旋转传感器来探测太空的不同部分，但它产生的震动会干扰旁边的光谱设备，这让后者十分恼火。在斯通的调解下，双方达成了一个妥协方案：有时粒子设备会快速旋转，有时则慢速旋转以减少震动，其他时间则保持静止。"结果是虽然大家仍然不开心，却是同等程度的不开心——这就是高明的谈判专家。"粒子小组的组长克里米·吉斯说。

斯通还是一个有远见的科学管理者，他早就意识到了跨专业合作的重要性。在"旅行者 1 号"飞近木星时，他打破常规，让不同组的科学家重新组合成四个新组，每个组都要负责所有的探测设备，迫使大家打破壁垒，跨专业交流。当然，斯通心里也有自己的小算盘——"这样我就不必老是充当裁判了！"

最迟到2025年，随着能量彻底耗尽，"旅行者1号"将寿终正寝。但斯通没有时间伤感，因为他探索太阳系的工作还在继续。目前他是"30米望远镜"项目的副主席，该项目2020年左右在夏威夷建成后，将成为世界上最大的光学望远镜，将目光投向太阳系外更加遥远的太空。此外，斯通还在参与开发一个太阳探测器，它的热保护罩可以隔阻2000℃的高温，这使它比以往任何探测器都将更靠近太阳。

每当提起"旅行者"号时，斯通最喜欢说的一句话是："这个项目已经产生了200％的科学回报，我们学到的东西要比我们期待的多多了。"

讲故事的人

文/莫　言

通过电视或网络，我想在座的各位对遥远的高密东北乡已经有了或多或少的了解。你们也许看到了我90岁的老父亲，看到了我的哥哥姐姐、我的妻子女儿和我一岁零四个月的外孙子。但是有一个此刻我最想念的人——我的母亲，你们永远无法看到了。我获奖后，很多人分享了我的光荣，但我的母亲却无法分享了。

我母亲生于1922年，卒于1994年。她的骨灰埋葬在村庄东边的桃园里。

去年，一条铁路要从那儿穿过，我们不得不将她的坟墓迁移到距离村子更远的地方。掘开坟墓后，我们看到棺木已经腐朽，母亲的骨殖已经与泥土混为一体。我们只好象征性地挖起一些泥土，移到新的墓穴里。也就是从那一时刻起，我感到，我的母亲是大地的一部分，我站在大地上的诉说，就是对母亲的诉说。

"儿子，那个打我的人，与这个老人并不是一个人"

我是我母亲最小的孩子。

我记忆中最早的一件事，是提着家里唯一的一把热水壶去公共食堂打开水。因为饥饿无力，失手将热水瓶打碎，我吓得要命，钻进草垛，一天没敢出来。

傍晚的时候，我听到母亲呼唤我的乳名，我从草垛里钻出来，以为会受到打骂，但母亲没有打我也没有骂我，只是抚摸着我的头，口中发出长长的叹息。

我记忆中最痛苦的一件事，就是跟着母亲去集体的地里捡麦穗。看守麦田的人来了，捡麦穗的人纷纷逃跑，我母亲是小脚，跑不快，被捉住了。那个身材高大的看守人扇了她一个耳光，她摇晃着身体跌倒在地，看守人没收了我们捡到的麦穗，吹着口哨扬长而去。我母亲嘴角流血，坐在地上，脸上那种绝望的神情让我终生难忘。多年之后，当那个看守麦田的人成为一个白发苍苍的老人，在集市上与我相逢时，我冲上去想找他报仇，母亲拉住了我，平静地对我说："儿子，那个打我的人，与这个老人并不是一个人。"

我记得最深刻的一件事是一个中秋节的中午，我们家包了一次饺子，每人只有一碗。正当我们吃饺子时，一个乞讨的老人来到了我们家门口，我端起半碗红薯干打发他，他却愤愤不平地说："我是一个老人，你们吃饺子，却让我吃红薯干，你们的心是怎么长的？"我气急败坏地说："我们一年也吃不了几次饺子，一人一小碗，连半饱都吃不了！给你红薯干就不错了，你要就要，不要就滚！"母亲训斥了我，然后端起她的那半碗饺子，倒进了老人的碗里。

我最后悔的一件事，就是跟着母亲去卖白菜，有意无意地多算了一位买白菜的老人一毛钱。算完钱我就去了学校。当我放学回家时，看到很少流泪的母亲泪流满面。母亲并没有骂我，只是轻轻地说："儿子，你让娘丢了脸。"

我十几岁时，母亲患了严重的肺病，饥饿、病痛、劳累，使我们这个家庭陷入了困境，看不到光明和希望。我产生了一种强烈的不祥之感，以为母亲随时都会寻短见。

有一次找遍了所有的房间也没有见到母亲的身影，我便坐在院子里大哭。这时母亲背着一捆柴草从外面走进来。她对我的哭很不满，但我又不能对她说出我的担忧。母亲看透了我的心思，她说："孩子，你放心，尽管我活着没有一点乐趣，但只要阎王爷不叫我，我是不会去的。"

我生来相貌丑陋，村子里很多人当面嘲笑我，学校里有几个性格蛮横的同学甚至为此打我。我回家痛哭。母亲对我说："儿子，你不丑，你不缺鼻子不缺眼，四肢健全，丑在哪里？而且只要你心存善良，多做好事，就是丑也能变美。"后来我进入城市，有一些很有文化的人依然在背后甚至当面嘲弄我的相貌，我想起了母亲的话，便心平气和地向他们道歉。

我母亲不识字，但对识字的人十分敬重。我们家生活困难，经常吃了上顿没下顿，但只要我对她提出买书买文具的要求，她总是会满足我。她是个勤劳的人，讨厌懒惰的孩子，但只要是我因为看书耽误了干活，她却从来没批评过我。

有一段时间，集市上来了一个说书人，我偷偷地跑去听书。晚上，当母亲就着一盏小油灯为家人赶制棉衣时，我忍不住把白天从说书人那里听来的故事复述给她听。起初她有些不耐烦，因为在她的心目中，说书人都是油嘴滑舌、不务正业的人，从他们嘴里冒不出好话来。但我复述的故事渐渐地吸引了她，以后每逢集日她便不再给我派活，默许我去集上听书。为了报答母亲的恩情，也为了向她炫耀我的记忆力，我会把白天听到的故事绘声绘色地讲给她听。

为了壮胆，我一边奔跑一边大声歌唱

我小学未毕业即辍学，因为年幼体弱，干不了重活，只好到荒草滩上去放牧牛羊。当我牵着牛羊从学校门前路过时，一看到昔日的同学在校园里打打闹闹，我心中便充满悲凉，深深地体会到一个人，哪怕是一个孩子，离开群体后的痛苦。

到了荒滩上，我把牛羊放开，让它们自己吃草。蓝天如海，草地一望无际，周围看不到一个人影，没有人的声音，只有鸟儿在天上鸣叫。我感到很孤独，很寂寞，心里空空荡荡。有时候，我躺在草地上，望着天上飘动着的白云，脑海里便浮现出许多莫名其妙的幻想。我们那地方流传着许多狐狸变成美女的故事，我幻想着能有一个狐狸变成美女与我来做伴放牛，但她始终没有出现。但有一次，一只火红色的狐狸从我面前的草丛中跳出来时，我被吓得一屁股坐在地上。狐狸跑得没了踪影，我还在那里颤抖。有时候我会蹲在牛的身旁，看着湛蓝的牛眼和牛眼中我的倒影。有时候我会模仿着鸟儿的叫声试图与天上的鸟儿对话，或者对着一棵树诉说心声。但鸟儿不理我，树也不理我。

许多年后，当我成为一个小说家，当年的许多幻想都被我写进了小说。很多人夸我想象力丰富，有一些文学爱好者希望我能告诉他们培养想象力的秘诀，对此，我只能报以苦笑。

就像中国的先贤老子所说的那样："福兮祸所伏，祸兮福所倚。"我童年辍学，饱受饥饿、孤独、无书可读之苦，但我因此也像我们的前辈作家沈从文那样，很早就开始阅读社会人生这本大书。前面所提到的到集市上去听说书人说书的事，仅仅是这本大书中的一页。

辍学之后，我混迹于成人之中，开始了"用耳朵阅读"的漫长生涯。二百多年前，我的故乡曾出了一个讲故事的天才蒲松龄，我们村里的许多人，包括我，都是他的传人。我在集体劳动的田间地头，在生产队的牛棚马厩，在我爷爷奶奶的热炕头上，甚至在摇摇晃晃地行进着的牛车上，聆听了许许多多神鬼故事、历史传奇、轶闻趣事，这些故事都与当地的自然环境、家庭历史紧密联系在一起，使我产生了强烈的现实感。

在文学创作中，必须颐指气使，独断专行

1976年2月，我应征入伍，背着我母亲卖掉结婚时的首饰帮我购买的四本《中国通史简编》，走出了高密东北乡这个既让我爱又让我恨的地方，开始了我人生的重要时期。我必须承认，如果没有三十多年来中国社会的巨大发展与进步，如果没有改革开放，也不会有我这样一个作家。

在军营的枯燥生活中，我迎来了80年代的思想解放和文学热潮，我从一个用耳朵聆听故事、用嘴巴讲述故事的孩子，开始尝试用笔来讲述故事。起初的道路并不平坦，我那时并没有意识到我二十多年的农村生活经验是文学的富矿，那时我以为文学就是写好人好事，就是写英雄模范，所以，尽管也发表了几篇作品，但文学价值很低。

1984年秋，我考入解放军艺术学院文学系。在我的恩师——著名作家徐怀中的启发和指导下，我写出了《秋水》《枯河》《透明的红萝卜》《红高粱》等一批中短篇小说。在《秋水》这篇小说里，

第一次出现了"高密东北乡"这个字眼，从此，就如同一个四处游荡的农民有了一片土地；我这样一个文学的流浪汉，终于有了一个可以安身立命的场所。我必须承认，在创建我的文学领地"高密东北乡"的过程中，美国的威廉·福克纳和哥伦比亚的加西亚·马尔克斯给了我重要的启发。我对他们的阅读并不认真，但他们开天辟地的豪迈精神激励了我，使我明白了一个作家必须要有一块属于自己的地方。一个人在日常生活中，应该谦卑退让；但在文学创作中，必须颐指气使，独断专行。我追随在这两位大师身后两年后，便意识到必须尽快地逃离他们。我在一篇文章中写道："他们是两座灼热的火炉，而我是冰块，如果离他们太近，会被他们蒸发掉。"根据我的体会，一个作家之所以会受到某一位作家的影响，其根本是因为影响者和被影响者灵魂深处的相似之处，正所谓"心有灵犀一点通"。所以，尽管我没有很好地去读他们的书，但只读过几页，我就明白了他们干了什么，也明白了他们是怎样干的，随即我也就明白了我该干什么和我该怎样干。

我该干的事情其实很简单，那就是用自己的方式，讲自己的故事。我的方式，就是我所熟知的集市说书人的方式，就是我的爷爷奶奶、村里的老人们讲故事的方式。坦率地说，讲述的时候，我没有想到谁会是我的听众，也许我的听众就是那些如我母亲一样的人，也许我的听众就是我自己。我自己的故事，起初就是我的亲身经历。很多朋友说《透明的红萝卜》是我最好的小说，对此我不反驳，也不认同，但我认为《透明的红萝卜》是我的作品中最有象征性、最意味深长的一部。那个浑身漆黑、具有超人的忍受痛苦的能力和超人的感受能力的孩子，是我全部小说的灵魂。尽管在后来的小说里，我写了很多的人物，但没有一个人物比他更贴近我的灵魂。或者可以说，一个作家所塑造的若干人物中，总有一个领头的，这个沉默的孩子就是一个领头的，他一言不发，却有力地领导着形形色色的人物，在高密东北乡这个舞台上，尽情地表演着。

可能是因为我经历过长期的艰难生活，使我对人性有较为深刻的了解。我知道真正的勇敢是什么，也明白真正的悲悯是什么。我知道每个人心中都有一片难用是非善恶准确定性的朦胧地带，而这片地带，正是文学家施展才华的广阔天地。只要是准确地、生动地描写了这个充满矛盾的朦胧地带的作品，也就必然地超越了政治并具备了优秀文学的品质。

当众人都哭时，应该允许有的人不哭

我获得诺贝尔文学奖后，引发了一些争议。起初，我还以为大家争议的对象是我，渐渐地，我感到这个被争议的对象是一个与我毫不相关的人。我如同一个看戏人，看着众人的表演。我看到那个得奖人身上落满了花朵，也被掷上了石块、泼上了污水。我生怕他被打垮，但他微笑着从花朵和石块中钻出来，擦干净身上的脏水，坦然地站在一边，对着众人说："对一个作家来说，最好的说话方式就是写作。我该说的话都一一写进了我的作品里。用嘴说出的话随风而散，用笔写出的话永不磨灭。我希望你们能耐心地读一下我的书，当然，我没有资格强迫你们读我的书。即便你们读了我的书，我也不期望你们能改变对我的看法，世界上还没有一个作家能让所有的读者都喜欢他。在当今这样的时代里，更是如此。"

我是一个讲故事的人，我还是要给你们讲故事。

　　20 世纪 60 年代，我上小学三年级的时候，学校里组织我们去参观一个苦难展览，我们在老师的引领下放声大哭。为了能让老师看到我的表现，我舍不得擦去脸上的泪水。我看到有几位同学悄悄地将唾沫抹到脸上冒充泪水。我还看到在一片真哭假哭的同学之间，有一位同学的脸上没有一滴泪，嘴巴里没有一点声音，也没有用手掩面。他睁着大眼看着我们，眼睛里流露出惊讶或者是困惑的神情。事后，我向老师报告了这位同学的行为。为此，学校给了这位同学一个警告处分。

　　多年之后，当我因自己的告密向老师忏悔时，老师说，那天来找他说这件事的有十几个同学。这位同学十几年前就已去世，每当想起他，我就深感歉疚。这件事让我悟到一个道理，那就是：当众人都哭时，应该允许有的人不哭。当哭成为一种表演时，更应该允许有的人不哭。

　　我再讲一个故事：三十多年前，我还在部队工作。有一天晚上，我在办公室看书，有一位老长官推门进来，看了一眼我对面的位置，自言自语道："噢，没有人？"我随即站起来，高声说："难道我不是人吗？"那位老长官被我顶得面红耳赤，尴尬而退。为此事，我洋洋得意了许久，以为自己是个英勇的斗士。但事过多年后，我却为此深感内疚。

　　请允许我讲最后一个故事，这是许多年前我爷爷讲给我的：有八个外出打工的泥瓦匠，为避一场暴风雨，躲进了一座破庙。外边的雷声一阵紧似一阵，一个个火球在庙门外滚来滚去，空中似乎还有"吱吱"的吼叫声。**众人都胆战心惊，面如土色**。有一个人说："我们八个人中，必定有**一个人干过伤**天害理的坏事。谁干过坏事，就自己走出庙门接受惩罚吧，免得让好人受到牵连。"自然没有人愿意出去。又有人提议道："既然大家都不想出去，那我们就将自己的草帽往外扔吧，谁的草帽被刮出庙门，就说明谁干了坏事，那就请他出去接受惩罚。"

于是大家就将自己的草帽往庙门外扔，七个人的草帽被刮回了庙内，只有一个人的草帽被卷了出去。大家就催这个人出去受罚，他自然不愿出去，众人便将他抬起来扔出了庙门。故事的结局我估计大家都猜到了——那个人刚被扔出庙门，那座破庙便轰然坍塌。

我是一个讲故事的人。

因为讲故事我获得了诺贝尔文学奖。

我获奖后发生了很多精彩的故事，这些故事让我坚信真理和正义是存在的。

今后的岁月里，我将继续讲我的故事。

三位老者一堂课

文／马誉炜

一生沉醉于研究《红楼梦》，被誉为新中国研究红学第一人的周汝昌，晚年双目几近失明，仅剩下听力，但从未停止思考和研究。他说："我一点儿也不想休息，我不是说九十多岁了就该自由地过了，我要利用这点可能的时间和精力，把每天不断思考的新问题、新见解铺到纸上。不铺到纸上，我自个儿也就忘了，不写会让我觉得是研究了60年的损失。现在的写作是抢救性的，每天几百字也写，一千字也写，我这个人就是这么贪得无厌。"

先前，在右眼仅有0.01视力的情况下，他每天趴在一张旧的简易方桌上，把自己的思考写在纸上。那些纸片上的凌乱字迹，有的还是一个字叠着另一个字，只有他女儿能勉强辨认。到后来，他就完全不能写了，便整日苦思冥想着打出腹稿，尔后口述，让三个女儿轮流值班记录。就在95岁临终之前，他口述的姊妹篇《红楼新境》《寿芹新稿》相继出版了。

新中国建筑教育事业的开拓者之一、著名建筑大师吴良镛，85岁那年突发脑梗。当时许多人都以为吴老的工作至此就画上了句号，医生也判断他这辈子不可能再站起来了。

但没想到的是病痛并没有将他击垮，反而让他激发出更加顽强的拼搏精神。康复治疗期间，他的半边身子完全不能动了，别人为了康复练四个小时，他练八个小时。他告诉自己："必须尽早站起来，回到我热爱的建筑领域。""我不但要站起来，还要恢复到能写字、能绘画。"功夫不负有心人。

出院那天，吴良镛送给医院一幅亲笔写就的书法作品，苍劲有力的字迹，是给康复课程交出的最好答卷。出院后，吴良镛仍然闲不住，思维的活跃程度甚至超过年轻人。他的枕边总放着本子和笔，每天起床后第一件事，就是打开本子记下新想到的问题，而且忙起来就一点也不顾及身体。他说："年纪大了，记性差了，只要想到就必须马上记下来，否则很可能忘记，就错过了。"

南开大学104岁的经济学家杨敬年教授，在进入古稀之年后创造了10项重要成果，除去译作，他70岁以后撰写的论著超过了150万字。

90岁时出版了哲学著作《人性论》，93岁时出版了译作《国富论》，当时他每天工作8小时，用了11个月完成了74万字的书稿，又陆续补充了6万字的索引，而且一字一句都是手书。100岁时出版了27万字的自传。

眼下他正计划修订一部著作，腹稿早已打好，他能随口讲出需要新添的篇章。正如学生们送给他一块匾额上写的话，"生命从百岁开始"。

三位老者一堂课：大师之所以成为大师，都是舍得吃大苦、流大汗的人，都是惜时如金、分秒必争的人，都是执着坚韧、善于坚守的人。

"中国好人"余法海：为142位烈士找"家"

文／吴志菲

湖北，赤壁，羊楼洞，142 位烈士墓群。76 岁的杨宝山热泪盈眶。

"哥，我来看你了……"老人瘫坐在坟头，右手抚摸着石碑，喃喃着。六十多年后，这位来自内蒙古赤峰市的志愿军老战士，终于和同年参军的哥哥再次"相逢"。

虽然，他们之间隔着一块冰凉的石碑。

让杨宝山寻亲圆梦的人，就是有"中国好人"之称、与杨宝山相距千里的湖北赤壁市病休老民警余法海。正是因为他的义举，这片墓地才得以慢慢被世人知晓。在他的促动下，烈士们才有机会魂归故里。

这位自费为烈士寻亲万里行的器官移植患者，只为多年前自己在烈士墓前的一句承诺。为了这个承诺，他把为烈士寻亲当成了自己生活的全部，成了"寻亲专业户"。他的故事被人称作现实版的《集结号》，他本人则被誉为现实版的"谷子地"。

沧桑岁月掩埋的英雄故事

2005年7月，处于肾移植术后康复期的余法海，被抽调到赤壁市政协文史委员会做文史工作。"听说羊楼洞有一片烈士墓，不知是红军还是新四军的，你当过警察，先去查查看。"一天，该市政协的领导给余法海布置了这么一项任务。

余法海去羊楼洞，可谓历尽艰辛。接连三次，在羊楼洞周围几座山丘上整整找了好几天，余法海都无功而返。功夫不负有心人，一天，他撩开半人高的荒草杂木一看，是一片布满青苔的青石墓碑。碑石虽然风化得模糊不清，但字的轮廓还在。擦净厚厚的尘土，每块墓碑的碑面上都清晰地浮现出"不朽""千古"等字样；再仔细查看上面的碑文，上面刻着"志愿军""烈士"等字样，并记录了每个战士牺牲时的年龄和籍贯，以及所在部队的番号等信息。

难道这就是传说中的烈士墓？余法海心头一热。他四处寻找，逐个观看，发现有的墓碑已经断裂，有的碑文残缺不全。数了数，有百多个，一个加强连都打不住，他的眼泪止不住了流下来。

从羊楼洞回来，余法海就进入了一种吃饭不香、睡觉不宁的状态，那些"青石碑"一直在眼前晃动。

经过近三个月的档案查找和对当事人的寻访，余法海对羊楼洞墓地那段感人至深的往事有了大体的了解——

1951年，抗美援朝战争进入到最紧张时期，驻扎在羊楼洞的四野四十军——九师独立四团离开驻地赴朝参战。湖北省军区接到上级命令，在独立四团空出的营房组建了"中国人民解放军第六十七预备医院"（野战医院）——医院属团级建制，下设两处两科三个医疗所和一个护士培训队（又称湖北省军区护士学校）。

该医院前后收治剿匪和援朝前线转运来的三千一百多名伤病员。当时前方运来的大批伤病员送达赵李桥火车站，医院距最近的赵李桥火车站有三四公里，每当有伤员运到，当地军民就展开了生命大接力。据当地老人回忆，村民自发组成担架队跟医护人员一道，到火车站抬伤员，其他居民则夹道欢迎慰问。战事吃紧时，血浆来源有限，羊楼洞村有一半人就曾多次为伤员无偿献血。

在这些伤残军人中，有的因跟敌人拼刺刀肠溢外露而感染；有的因肢体被炸断，骨头外露而感染；有的在朝鲜战场被美国飞机丢细菌弹，使呼吸系统感染成肺病。由于当时医疗条件有限，其中142位伤势过重的伤员相继于1951年10月29日至1955年2月4日牺牲，被当地军民安葬在羊楼洞村得胜山（"老营盘"茶山）下一片荒地里。当时，由于各种条件限制没有通知他们的家属，以至于让他们孤独地躺在了山坳里。岁月沧桑，尘封的子弟兵英烈和他们鲜为人知的英雄故事渐渐被人遗忘。

卖掉房子"为烈士寻亲"

初步了解羊楼洞墓地的真相之后，余法海的心情反而变得更加沉重了——据墓地周边老百姓的反映，半个多世纪过去了，从没有一个烈士亲属前来祭奠扫墓。看到档案中的相关记载，站在烈士墓前，他一次次扪心自问：这些英烈，为了人民的利益客死他乡，几十年了，不仅亲人们不知道，甚至也被社会遗忘，不应该啊！

有一段时间，余法海害怕去羊楼洞，害怕去看到那些长眠地下的英烈，可脑海里总是闪现出羊楼洞的那片墓地。"一定要为这些英烈们做点什么，不然心里总感觉不安！"为长眠在羊楼洞的英烈们寻找亲人的念头，就在这一刻涌上了余法海的心头。

出门寻亲，由于有关部门没有相应的政策和经费，余法海首先面临的困难就是经济问题。一路为烈士寻亲下来，包括寄信和外出寻亲，余法海不仅花掉了个人的全部积蓄，不得已时他还忍痛卖掉了自家的小平房，临时借住单位同事的房子。成沓的车票他一张张地保存着，给自己留作纪念。所有信函，他都分门别类保存好，寻亲资料堆起来有数尺高。

寻亲路上，余法海总是随身带着自己的病历，预防一旦犯病，以便就近找医院及时治疗。虽然历经艰险，但每当寻找到一个烈士的亲人，特别是当他们来到墓地扫墓时，他都十分欣慰和感动。看到他的执着感动，他的妻子与孩子也开始理解、支持他了。

2006年的一天，余法海家里来了一位陌生老头，自称：刘耀，家住河南舞钢，64岁。其父刘宜斋1948年入伍，1951年赴朝，随后没了音讯。其叔也是军人，南找北寻没结果，弥留之际交代："娃啊，你爸是军人，我没找到，你要想法找到！"刘耀又找了11年，直到收到余法海的信。

一到湖北羊楼洞，刘耀直奔父亲的墓而去，一见就跪，一扑就哭，半天头都没抬起。刘耀从小就没见到父亲，现在见到的只是个青石碑，就把这个青石碑贴在脸上……余法海说，那似乎存留在父子之间割舍不断的心灵感应，让观者震惊；那感人至深的场面，让人过目难忘。这是首例烈士亲人到羊楼洞祭奠。

生死两世界，亲人以这样一种特殊方式"团聚"。余法海说，他突然觉得，眼前那片墓碑已不再是142块冰冷的石头，每一块石碑背后，注定都有一份亲人焦急、漫长的寻找。更何况，他们是为祖国英勇牺牲的人，本该被记入史册，让世人铭记。

余法海曾看过热播的电视剧《士兵突击》，主人公许三多常挂在嘴边的一句话现在成了余法海的座右铭：好好活，做有意义的事。可是，帮烈士寻亲这件有意义的事，做起来却是困难重重。

担心自己的身体随时会"罢工"，走在寻亲路上的余法海半开玩笑地说，得抓紧时间找了，生命已经进入倒计时了。"我明知重症在身，每次出征都暗下决心：我要争取活着回来。当然，这个时候更要珍惜生命，自己多活一天，就多一分希望找到更多的烈士亲人。"

2008年，余法海被评为"全国十大真情人物"。在上海电视台直播现场，一名观众突然冲上前台跪在他的面前，连声喊"恩人"。主持人和余法海都惊愕不已，直到这名观众从口袋里掏出一把土，拜托余法海将它洒在羊楼洞烈士墓华久印坟上时，余法海才明白他就是华久印的亲人。

1947年，华久印入伍，打仗很勇敢，在部队还是轮训队区队长。1952年6月9日牺牲，年仅22岁。142个烈士墓碑中，有关华久印的碑文中记述他是"蓟县第九区王官屯人"。

大约是1952年华家突然收到一个包裹，里面有一张华久印的牺牲证书、钢笔和笔记本等遗物，从上面的记录来看，华久印已经牺牲了，而且埋葬在湖北省，但具体因为什么牺牲，埋葬在什么地方，他们谁都不知道。1976年，华久印的母亲临终前还念念不忘，她想去看看这个让她牵挂了一辈子的儿子，更希望将儿子的尸骨带回家。华久印的父亲去世的时候也嘱咐儿女们，希望他们能找到儿子的坟墓，到坟上给儿子上上香。华家没有想到，日后在余法海及其他寻亲志愿者的帮助下，终于找到了华久印的墓地。为此，"全国十大真情人物"颁奖晚会现场出现了这样感人的一幕。

期待吹响寻亲"集结号"

寻亲过程中，余法海吃过的苦，流过的泪，无法用语言来表达。他曾三次准备放弃寻亲之旅，但是天津籍烈士华久印的亲人跪谢的场景一直在他脑海中萦绕，让他不能释怀："那一跪，我知道自己无法卸下继续寻亲的重任。"

2009年9月10日，电视剧《七十七封阵亡通知书》首映式在沈阳举行。作为原型身份出席活动的余法海说："从《集结号》到这次《七十七封阵亡通知书》，这些影视作品中都能看到自己的影子，我希望媒体和艺术家们能关注无名烈士的故事，让更多的人了解那段历史。"

每找到一位烈士亲人，余法海就会在"寻亲名单"中的烈士姓名前认真地画上一个五角星。随着时间的推移，名单上的五角星多了起来，到2013年上半年，他已为108位烈士找到了"家"。

"一个士兵，要不战死沙场，便是回到故乡。"画家黄永玉将这句话刻在他表叔沈从文的墓碑上，也刻在每一个中国人的心上。魂归故里——这是余法海为烈士寻亲最充分的理由和最朴素的情感。所做的一切，为的是找回属于烈士的尊严和荣耀！

如今，体弱多病年迈的"中国好人"余法海，仍不知疲倦地在寻亲的路上奔波着。他说："对我来说，给烈士寻亲是一次感恩之旅！英烈离开亲人半个多世纪了，应该让他们魂归故里！"同时，他强调，欢迎广大社会志愿者加盟，共同吹响寻亲"集结号"……

卖菜阿嬷的慷慨人生

文／廖晓颖

　　她是个仅有小学文化的普通摊贩，50 元台币卖 3 把小白菜是她的专长。她其貌不扬，不足 1.5 米，幼年时因被烫伤，右手手指神经受损，五指蜷曲，双足又因长期站立，压迫脚掌成五角形，同时蜂窝性组织炎长期困扰着她，严重时走路是一跛一跛的。

　　这样一个普通得不能再普通的老妇人，却与姚明、成龙等 48 人，一齐登上了亚洲《福布斯》杂志"亚太慈善英雄人物"排行榜。在美国《时代》周刊公布的 2010 年度最具影响力百位人物名单中，位列英雄类人物奖第八名。

　　她的行为感动了全世界，但她却浑然不知。"福布斯慈善榜"公布当天，她正忙着在菜摊前卖菜。这个位于台湾台东市中央市场内的小菜摊还是她母亲留下来的，她从 13 岁开始就在这里了，一站就是 48 年。当年，她母亲难产，家中却穷得连就医的保证金都缴不起，最终延误了抢救时机，一家人只能眼睁睁地看着母亲死去。为养活 4 个弟妹，13 岁的她只好辍学，每天清晨 4 点起床去批发蔬菜，忙到晚上 9 点收摊，日复一日。除了除夕，几乎全年无休，2003 年"非典"爆发后，才能休息 12 天，因为菜市场每个月要消一次毒。

为了照顾家中老小，她至今孑然一身，并认为用一个人的牺牲换取全家的幸福，这种牺牲是"理所当然"的。

她一生极其节俭，甚至到了苛刻的地步。一天吃饭用不到100元台币，或是酱油拌饭，或是一周只吃一瓶豆腐乳佐餐，最奢侈也就是买个快餐，中餐吃一半，晚餐再吃一半；病了也不去医院，总是自己买点药吃，一是怕花钱，二是担心客人流失，生意下滑。

就是这样一个恨不得把一分钱掰成两半用的女人，近20年来却捐献了1000万元新台币（折合人民币250万元）给社会。她一直认为"钱，要给需要的人才有用"。1993年她捐款100万元给佛光学院；2004年她把多年卖菜积蓄的100万元捐给儿童基金会；2005年她得知仁爱小学要建图书馆，就把全部积蓄450万元捐出；当听说有福利院缺少经费，她立刻捐出100万元新台币，这个数字甚至比马英九捐的20万还多出整整80万！

她默默地做着这一切，感觉是那么的平常与快乐。少年时期的贫困让她对生活有了更深一层的理解，当她站在教堂跟着旋律唱《感恩的心》时，她的心是充满感动的。她根本就没想过要出名，只是发自内心地想去这么做。当她被评选为"2010年全球最具影响力的100位英雄人物"时，媒体记者纷至沓来对她进行追踪报道，她不知所措，甚至当马英九亲自打电话鼓励她时，她考虑再三才肯答应出席《时代》周刊的颁奖大会。在这之前，她不知道《时代》是什么，更不知道是谁推荐了她。

出名后的她拒绝了做广告代言人，一心只想尽快回到菜场去卖菜。她认为那里才是她的人生舞台。

她叫陈树菊，台湾台东一位卖了半个世纪菜的普通阿嬷。

将中国美食做到美国的江孙芸

文/高　峰

误打误撞进入餐饮业

1920 年，江孙芸出生在江苏无锡一个大户人家，在 12 个兄弟姐妹中排行第七。后来，全家搬到北京，住在一座有 52 个房间的旧王府里。江孙芸的母亲十分喜爱美食，她也是对江孙芸一生影响最大的人。他们家有两个厨子，一个做上海菜，一个做北方菜。作为大家闺秀的江孙芸从没做过饭，甚至连厨房都没进过。不过吃饭时父母边吃边点评，不仅让她充分了解了中国的传统饮食文化，也知道食物的色香味到底应该是什么样的，这些都成为她日后开办餐厅的资本。

抗战期间，江孙芸辗转逃亡到重庆投奔亲戚，并和一位商人结了婚，生下一双儿女。1949 年，他们一家离开上海去了东京。

江孙芸进入餐饮业称得上是"误打误撞"。1960 年，她只身来到美国旧金山看望身患抑郁症的姐姐，却在街头偶遇一对在东京结识的姐妹。这对姐妹想开家餐厅，由于英语不好无法与房东谈租约。热心的江孙芸不但帮她们谈妥了租约，还爽快地写了一张一万美元的支票作为押金。没想到，姐俩突然打退堂鼓不干了，房东又不愿意退支票。江孙芸不想就这样灰溜溜地回到日本向丈夫认错，于是决定硬着头皮自己干。

1961年，福禄寿餐厅开张了。当时美国的中餐以广东菜为主，而且只能算是"美国化的粤菜"：把肉和蔬菜切碎，再配以浓酱熬煮而成的炒杂菜是主要菜品。所有菜都是酸甜味，没有白米饭，一律用豌豆或胡萝卜做炒饭……江孙芸不想做这样的菜，她一口气在菜单上列出二百多道菜，还让一对会做锅贴、油饼的山东夫妇管理厨房。她一心要把地道的中国菜完整地呈现给顾客。

但问题也随之而来。首先就是原材料采购，茄子、腌菜、木耳、辣椒油、八角等一概没有，江孙芸只好买来墨西哥辣椒自己做辣椒油，还专门跑到日本城找茄子。饮食文化的差异也是必须面对的，曾有客人一看菜单上没有炒杂菜、甜酸肉，就问她："这是中餐厅吗？"当她把带着头的鱼端上桌时，顾客却说"我不想看见鱼头"，让她把鱼头剁掉。

最初几个月，餐厅生意非常清淡，每天只有十几位顾客。即便这样，她每天还是忙得天昏地暗，做清扫，接电话，当跑堂兼收账及买菜。

餐厅像古庙

在挺过最初的难关后，餐厅渐渐有了起色。著名旅美华裔作家黎锦扬慕名前来，吃完菜后说："我很久没吃过这么地道的家乡菜了。"有一天，黎锦扬把《旧金山纪事报》的著名专栏作家赫伯·凯恩带了过来，后者品尝后赞不绝口，立刻在自己的专栏上发了几篇文章大力推荐，福禄寿随即火了起来。

美食作家查克·威廉姆斯最喜欢吃福禄寿的"叫花鸡"。本文开始提到的基金会创办者、名厨兼美食家詹姆斯·比尔德最喜欢福禄寿的酱猪蹄、熘腰花，他还边吃边学，得到不少真传。1971年，厨师艾丽丝·沃特斯创办了Chez Panisse餐厅（该餐厅在2012年全美餐厅排行榜上名列第三），也曾向江孙芸求教过，两人由此成为好友，还一起到中国旅行……曾有美食评论家这样评价福禄寿餐厅："它让美国人尝到了正宗川菜和湘菜丰富而辛辣的美味。"

随着生意越来越好，常来的老顾客却开始抱怨"等座位时间太长"。一天，江孙芸看到吉拉德里广场有一家老房子正在招租。那里可以容纳300个座位。房东一听要开中餐厅连连摇头，因为当时的中餐厅大都设施简陋，没桌布也没有菜单，给人的印象是脏乱和油腻。为此江孙芸特地邀请房东到自己的餐厅去看看。他们意外地发现，这个餐厅整洁优雅，当即就同意了。

江孙芸找来大牌设计师为新餐厅做室内设计，并提出"三不一保留"——不要当时中餐厅中普遍的红色、金色，不要灯笼，不要龙，尽量保留原有建筑的老样子，最好像个古庙。1968年，福禄寿餐厅在新址开业。此时，它已经成为旧金山乃至加州首屈一指的中餐厅。气质优雅的江孙芸以体贴的服务经营着餐厅：她会来到桌前帮助客人点菜。菜端上来时，她会解释这是什么菜，这道菜的亮点在哪里，等等。

此时的江孙芸已与丈夫分居，带着两个孩子住在旧金山西南部的富人区，她是这个社区的第一位非白人居民。

因为美食聚在一起

20世纪60年代，到餐厅用晚餐，男士必定穿西装、打领带，否则进不了门。一天晚上，餐厅来了六七个举止怪异、穿着邋遢的年轻人，还点了最贵的红酒。服务员本想撵他们出去，却被江孙芸拦下了。结果，饭还没吃完，其中一人就从破烂的牛仔裤口袋中掏出一卷百元钞票。事后，旁边桌的客人问江孙芸："你知道他们是谁吗？"江孙芸摇摇头。那位客人说："他们是杰斐逊飞机乐队（当时最受嬉皮欢迎的乐队之一）！"之后，这些年轻人每周来一次，成了这里的常客。有一天，乐队的一个年轻人给了江孙芸一个信封，里面有一张感谢卡，上面写着"谢谢你以和善的态度对待我们"。

江孙芸不但和杰斐逊飞机乐队的团员成了好朋友，还先后接待了许多名气更大的人，其中包括美国国务卿基辛格、披头士乐队主唱约翰·列侬和妻子小野洋子、歌唱家帕瓦罗蒂、芭蕾舞演员纽瑞耶夫等。江孙芸说："好记性是我的天赋，我总是能记住顾客的名字和他们的偏好。"

1991年，江孙芸将福禄寿餐厅卖掉，开始享受退休生活。2008年，她出版了自传《七姑娘——我从北京到旧金山的烹饪之旅》。2013年4月以她为主题的纪录片《宴会之魂》在美国上映。

虽然已是耄耋之年，江孙芸依旧喜欢工作，她担任几家中餐厅的顾问，为旧金山的中美国际学校筹款，并以收拾房间为乐。喜欢旅游、乐于接受新鲜事物的她依旧视美食为最爱。不过，对她而言，美食意味着一份感情。江孙芸说："食物是一种让人们愉快的交流方式，大家因为美食而聚在一起，享受生活的乐趣。"

郑洪升：80 岁的"微博控"

文／安 琪

郑洪升是童话大王郑渊洁的父亲，他可是个喜欢新鲜事物的人。2010 年初，郑老爷子在电脑上看儿子郑渊洁和孙子郑亚旗的微博，看着看着，他觉得挺靠谱，有什么想说的发到网上，立刻许多人就看到了，郑老爷子感觉自己也有话想说，有种跃跃欲试的劲头。

刷微博，老爷子一个月增"粉"四万多

此后，每逢孩子们回来，郑老爷子就让他们一步步教自己如何注册账号，如何发微博，如何加关注。2011 年 9 月 25 日，郑老爷子试着发了自己的第一条微博，没想到引起了很多网友的兴趣。随后，又应网友们的要求，发了郑渊洁的一张不满周岁的"露点"照。这一下郑老爷子名声大振，这条微博被转发多达四千多条。

郑老的微博开通后，郑渊洁和郑亚旗立刻以实际行动支持，将老爷子的每篇微博都转载到自己的微博里，被郑老笑称为"这是对我最大的孝顺"。郑老爷子写微博特别认真，别人的微博通常是几个字、一句话就发一篇，郑老基本每条都能写到这 140 字的上限，他希望尽量提供给大家有用的信息，让粉丝们不会觉得看自己的微博

是浪费时间。他的微博写得也很勤奋，平均每天都有五六条。

高质量的微博很快就看到了"回报"，郑老爷子开通微博不到一个半月，粉丝达到了四万七千多人。这可是个不小的成就，网友们纷纷称郑老爷子为"爷爷中的微博大王"。

"郁闷，粉丝怎么不增加了"

微博成为了郑老爷子生活中一件重要的事情。每天他用在微博上的时间要两小时左右，他不会打字，每个字都用手写板输进去，虽然费劲，但老爷子乐此不疲。还有一件让他得意的事，之前郑渊洁告诉爸爸，如果有人在评论里说脏话可以拉黑他，但郑老爷子一次都没有碰到过，他发现自己的粉丝都非常有礼貌、非常尊重老人。

可过了不久，郑老爷子开始郁闷了，前阵子粉丝每天成百上千地增加，最近怎么不涨了呢？有几天还下降了。郑老忍不住发了条微博："中午和老伴为点屁大的事争执起来，多喝了点革命小酒。常言道酒后吐真言。我就纳闷了，我的粉丝怎么在四万八千上就停滞不前？明明前几天已到四万九千多，粉丝也在不断增加，可是从数量上看，却往下滑。好多天在四万八千多上不动窝。是我写得不好，粉丝离开我，还是有别的原因，请大家告诉我。谢谢了！"

这条微博一出，网友们纷纷给老爷子打气，"老爷子，我也为粉丝的事情在纠结。不过实在不必太过执着。很多时间看您的微博我都在潜水不知道如何表达。不过您真的写得很好。我希望自己从您身上学到豁达的人生态度和坚毅的品质。所以，拜托继续写吧。""您的微博和明星的不同，他们是一张图片配上三五字，而您的却是字字珠玑。您可以换个角度想想，在爷爷当中，您也是微博大王呢。"

每条评论都如此令人感动，郑老爷子立刻给大伙回复："看了大家的留言，我热泪盈眶。原来我有这么多知心朋友这么多铁杆粉丝，我视你们与郑渊洁一样为我最亲的人。将来我有新鲜事就告诉大家，有不顺心的事就向大家倾诉。我再也不会计较粉丝数量。就是只有一百个人或没一个人关注，我也会不停地写下去，直到生命的最后一息。这大概就是微博精神！"

80 岁的年轻人

郑老爷子还在微博上把自己的养生之道写出来与大家分享，他希望所有的人都健康，不生病。他关于饮食的三大原则是：第一，想吃什么就吃什么，能吃多少就吃多少；第二，力争把疾病放在可控范围之内；第三，保持进出口畅通无阻，严防出口转内销。

应网友的要求，郑老在微博上公开了自己的饮食状况："我早饭喝一杯奶、一个馒头、一个鸡蛋、一点小菜。中午是重中之重，要喝二两酒，要吃半斤肉和其他蔬菜。晚饭则很简单。苹果每天不少于三个。我的宗旨是宁当撑死的人不当饿死鬼。为了集中精力品尝好在自己家中吃的每一顿饭，最好不想吃饭以外之事，不开电视，不开手机，不多说话。把心思都用在吃好这顿饭上。"

因为他的粉丝大多是年轻人，郑老爷子也会在微博上为他们鼓劲："我看到 2011 年中国作家富豪榜揭晓了，想起 1976 年初，21 岁的郑渊洁复员回北京当工人，下火车时只有不到三十元钱。他揣着这几十块钱一个人打拼。以小学四年级学历，看水泵的非技术工人身份奋斗，完成了他的中国梦。你的起点肯定比郑渊洁高，他行，你也行。我观察了他多年，我觉得他的成功秘诀是专注、敬业。"

2011年7月2日，郑渊洁为父亲举办了八十大寿。在寿宴上郑老说出了自己的80岁人生感悟：六个不敢——不敢忘记自己姓神马；不敢忘记读书和写字；不敢忘记孝敬长辈；不敢忘记呵护未成年子女；不敢忘记帮助他人；不敢忘记锻炼身体。郑渊洁在自己的微博上把父亲的话发了出来，他说："我感觉80岁的父亲能将'什么'说成'神马'，是长寿秘诀。应该加一条：不敢忘记接受新事物。勇于不敢则活。"

郑老爷子在自己的微博上记录着这一家人在一起的每一点快乐时光："郑渊洁、郑毅洁、郑欣兄妹三人，发现父母到了老年，互爱着，又矛盾着，越老越小孩脾气。他们将哄着老人高兴，视为最大的孝顺。不管哪方诉说对方的是非，孩子都不会上当，总是一碗水端平，其间要点两面派也不在乎。只要二老愉快就成。有时我觉着他们阶级立场不坚定，旗帜不鲜明。而他们却说和谐万岁！"

为什么自己的微博会受到大家的喜爱？老爷子很谦虚，"我有自知之明，我的粉丝之所以增加这么快，并非我写得好，主要是沾了孙子郑亚旗和儿子郑渊洁的光，广大网友知道我是80岁老头给我面子照顾我"。可网友们却说，如果您只是郑渊洁的爸爸，写得不好，也不会有人给您当粉丝呀。

郑老形容自己对于微博的感受，说相当于一下子多了万千孩子，他们会孝敬你。自从开始写微博后，郑老爷子觉得自己的生活增加了很多乐趣，最大的乐趣就是看网友的评论，有时一条微博引发的评论有好几百条，郑老都是一条条认真看过。他说自己现在最大的变化就是觉得返老还童了，"80岁的人，每天和四万年轻人聊天，想不年轻都不行"。

体操奶奶：我的梦想我做主

文/军 霞

2012 年 3 月 30 日，世界杯德国站比赛正进行得如火如荼。

又一位体操运动员上场了，只见身穿红色运动装的她，熟练地做出了翻滚、跳跃、倒立等各种高难度的体操动作，现场的观众不停鼓掌，似乎还不过瘾，干脆集体站起来为她加油，拉拉队成员们更是异常激动，就连裁判们也惊讶得目瞪口呆。

引起现场如此"风暴"的原因，是人们发现这位动作娴熟、身体柔韧性和耐力一流的运动员，头发早已花白，鼻梁上还架着一副老花镜。她的名字叫约翰娜·夸斯，是一位已经 86 岁的老奶奶！

约翰娜从小就对各种运动感兴趣，17 岁时成为一名优秀的手球运动员。20 岁时，她已经参加多次全国性的比赛，并屡屡获奖。26 岁那年，因为升级当妈妈，约翰娜的运动员生涯戛然而止。

每天在家围着孩子和厨房打转，约翰娜依然关注各种体育赛事。在 30 岁那年，她偶然看到一场体操比赛，运动员们健美的身材和娴熟的技巧，让她十分着迷，她决定"重出江湖"。

对于约翰娜的决定，家人们全都投反对票。约翰娜是个不服输的人，她决定的事情没有人可以轻易改变。可惜，就在她刚刚开始训练不久，各种打击接踵而来。最开始是丈夫的公司陷入一场莫名其妙的官司，所有的业务都陷入停滞状态，为了讨回公道，约翰娜开始奔波于公司和法院之间，用了足足10年才打赢了这场官司。并不喜欢经商的她，从此开始协助丈夫打理生意。

在约翰娜40岁那年，她的母亲又患了老年痴呆症，变得谁也不认识，经常离家出走。约翰娜是个孝顺的女儿，她发现请来的保姆总是不尽如人意，于是，大多数时间她总是亲自陪伴母亲，和她一起聊天、健身、旅游。

60岁那年，母亲去世，约翰娜悲痛之余，将生意交给孩子们去打理，她对所有人宣布："人生苦短，我要去做自己喜欢的事情了，谁也阻挡不了！"她坚决的样子让所有的亲友无法开口劝阻。

最开始，约翰娜只报了一个老年舞蹈培训班，每天和同龄人一起跳舞。随着身体的灵活性越来越高，她也变得越来越自信，决定重新参加热爱的体操训练。

65岁那年，约翰娜终于等到一个参加全省体操比赛的机会。那次比赛，她虽然没能获奖，却给观众留下了深刻的印象，不断有人写信或打电话来，说非常羡慕约翰娜的勇气，鼓励她坚持下去。

约翰娜不负众望，真的坚持了下来，开始屡屡在各种比赛中获奖。这次参加世界杯比赛，更是让她一夜之间名声大振。许多观众在看过她的表演后，都感觉她体态轻盈，宛若二十多岁的少女。

被人称为"体操奶奶"的约翰娜，在面对媒体的采访时，总是微笑着说："我一直跟自己说，年龄不能成为停止追求的借口。我的梦想我做主，只要一息尚存，我将一直表演下去，哪怕到了一百岁也不会停止！"

罗美珍的世界

文 / 马金瑜

2012 年 8 月 25 日，中国最年长寿星罗美珍度过了她的 127 岁生日。在"第三届中国十大寿星排行榜"中，她被中国老年学学会认定为中国最年长寿星。

关于罗美珍，一直以来是个传奇，她登记在册的出生日期是 1885 年农历七月初九（公历 8 月 29 日），也就是清光绪十一年。

她所居住的地方——广西壮族自治区巴马瑶族自治县被称作世界五大长寿乡之一，当地共有 27 万人口，百岁老人有 80 多位，是世界上百岁老人比率最高的地区。在这里，百岁老人织布、磨米磨豆腐、穿针纺纱、带小孩、洗衣服，全都只是平日生活罢了。

如果罗美珍能做到的话，她还要在早晨 6 点起床，用清冽的龙洪溪水洗一把脸，煮米饭和青菜，吃两碗，然后背上背篓和柴刀，光着脚板，踩着大大小小的石块，利利索索上得那翠翠的山上去，黄牛和马匹在身旁跟着，铁铃铛在晨雾中发出脆响，猪草上的露水还闪亮亮，搂得一筐，再砍一捆结结实实的硬柴，夹在腋下一路快走拖将回来。雷公根、葛根、火麻、野牡丹花，沿路好吃的野菜各摘得几把……127 岁这一年，这一切却真真是做不得了。

罗美珍从未去过医院，去得最远的地方，就是20公里之外的巴马县城。她一直在一个忙碌的满是劳动的世界里打转，猪、牛、马、鸡、鸭、鹅，都等着她，哪怕是家里的地，也要干干净净。

罗美珍是怎样活到127岁的，她自己也无法说明白，她只知道，村前的龙洪溪水她爱喝，山上的野菜与自己种的青菜好吃，用茶油炒一下，蒸了自己种的稻谷，吃两碗，就赶快要去干活的，哪里有空想别的呢。

罗美珍在50岁时才养活了自己的孩子。现年77岁的黄有才是她目前唯一还健在的儿子。丈夫黄天送比罗美珍小20岁，1978年过世。

如今这个127岁的妇人只有1.5米高，牙齿早已掉光，脸庞几乎埋藏在细密的皱纹里。她越来越长时间待在自己的房间里，看着不远处的青山和甘蔗田，不断被远赴巴马来看寿星的人们观赏。她成为了巴马某种泉水的代言人，在瓶子上笑得很甜，竖着大拇指，又或者出现在巴马的大型集体婚礼上做证婚人。只是那样的场合更加让她烦躁，就是孙子阿三哄着她，她也要闹着回家。

罗美珍平日吃肉不多，一直到2012年10月7日，为了招待远方的客人，孙子阿三特意去县城买了一只母鸡和五斤香猪肉。

按照瑶族的做法，只用清水煮了，切成片，在放了盐巴和酱油的肉汤里蘸一蘸。罗美珍用手撕着一块鸡胸肉吃下去，又吃了三片猪肉，吃得一碗米饭下去，没有牙却吃得很香。

末了，罗美珍捡了好大的几块肉藏在碗柜里面。孙子阿三说，奶奶每餐饭都是这样的，她要给上山放牛的阿爸黄有才留着，生怕阿爸吃不到。阿三说，奶奶的记性真是越来越坏，人越来越糊涂，唯独这一件小事，从来不忘。

关伟峰独自骑车去拉萨

文／范秀珍

当生命的年轮驶向老年，逐渐远离梦想时，他却还有一颗驰骋的心，在 62 岁时，完成了一个梦想——独自骑单车去拉萨。他叫关伟锋，一名广州户外自行车运动资深车友。

缘起：中了川藏线的"毒"

一辆破旧的二手自行车、一个睡袋、几件简单的衣物和几件修车工具，2011 年 8 月 13 日，关伯剔除了身上所有的累赘，从成都轻装上阵。他说："我甚至连地图都没带，边走边问，旅行不是逃难，不需要那么多负荷。"

其实，这并不是关伟峰第一次"千里走单骑"。早在 1989 年，他曾从哈尔滨独自骑车到广州，全程共计 4600 公里。2010 年，他和妻子在拉萨旅行时，深深地迷醉于西藏的风景：西域荒野、雪山、草甸、悠扬的西域号角声和那挂满经幡的山峦久久萦绕在关伯脑海中，于是，他便产生了骑单车去拉萨的想法："川藏线不仅在中国，在世界上都是一条神奇的路，我想慢慢地领略它的美。"

8 月 13 日，老关沿 318 国道从成都经雅安、泸定、康定、新都桥，再到雅江、理塘、巴塘、芒康左贡、邦达，最后过八宿、波密、林芝，骑行2600公里后，于9月13日到达拉萨。从东到西，老关翻越了折多山、海子山等14座海拔4000米以上的山峰，其中海拔5000米以上山峰有两座，还要跨越大渡河、金沙江等汹涌湍急的江河，路途艰辛且多危险。

相对于路途的艰难，老关对路上壮丽美景的印象更为深刻，提起雄伟的高山和盘山而建的公路，他感慨道："人类是渺小的，因为我们在大自然面前就像是一只蚂蚁；但是人类又是伟大的，因为我们能在如此艰险的环境中铺设出神奇的川藏线。"

感触：车有好坏，人无等级

提起路上所遇到的志同道合的朋友，老关眼中有难以抑制的兴奋："骑车旅行的一般都是年轻人，和他们一起谈论路上的所见所闻，真的很有趣。我们一点隔阂都没有，并且他们都很尊敬我，一口一个关大爷的。"但是尽管如此，从成都到拉萨，老关还是选择一个人旅行，他说："和朋友一起骑车虽然开心，不过每个人骑车的速度和休息的方式不一样，还是一个人比较轻松。"

然而，从理塘到巴塘这段路却是个例外。这是川藏线最长的一段，光上坡下坡都有90公里左右。为了安全起见，从理塘出发的时候，老关和另外九个骑友约定结伴而行，组成了"骑行十人组"。

在骑友当中，老关的自行车是最差的，一辆破旧的二手车，没减震设施也没GPS导航。"骑车下坡的时候，甚至都不太放心，不过大家也不会因为我打扮得土了点，装备差了点，就看不起我"，老关说，"车有好坏，人无等级。"

文史纵览
岁月深处的光辉

一份绝密情报促使红军长征

文／佚 名

1934年10月，由于"左倾"路线的错误领导，中央红军历经一年多苦战，未能打破敌人的第五次"围剿"，被迫走上了举世闻名的二万五千里长征路。

决定红军长征的因素固然很多，鲜为人知的是，有一份绝密情报，及时促使党的临时中央做出战略大转移的决策。

"铁桶计划"

1934年9月下旬，蒋介石在庐山秘密召开军事会议，在第五次"围剿"的基础上调整兵力部署，并在德国顾问汉斯·冯·塞克特将军的策划下，制订了一个彻底"剿灭"中央红军的"铁桶计划"。

该计划准备集结150万大军、270架飞机和200门大炮，"分进合击""铁壁合围"：以瑞金为目标，各部队实行向心攻击，在距瑞金150公里处形成一个大包围圈；然后每天攻击前进5公里后就修筑碉堡工事，严密进行火力配备，在瑞金四周构建起30道铁丝网和火力封锁线，断绝交通，封锁红军的一切信息和物资来往；最后将红军主力压迫到狭小范围进行决战。

为防止红军突围，还计划配备1000辆军用卡车快速运送部队实施机动截击，以求在一个月内将中央苏区的红军彻底歼灭。为隐蔽作战企图，蒋介石用12个师的先头部队在大包围圈尚未完成前，全力在苏区四周抢占地盘，迷惑红军。

蒋介石对这个"铁桶计划"抱有极大期望，他非常自信地发表讲话说："剿共大业，毕其功于此役！"该计划内容繁多，文件加起来有几斤重。内有国民党军的"剿匪"总动员令、各部队战斗序列、兵力部署、进攻路线、作战时限安排以及作战图表和蒋介石的"剿匪守则"等。每份文件上都打有"绝密"字样，并编排了序号，所有官员必须按收件人编号签字领取文件，保密措施十分严格。

然而就在会议结束的当晚，"铁桶计划"的全部绝密材料就落到了共产党手中。

冒险提供情报

蒋介石做梦也想不到，"铁桶计划"如此之快就被共产党全部掌握，更想不到送出这一"天"字号机密的人，竟是他任命不久的国民党赣北第四行署专员兼保安司令莫雄。莫雄（1891—1980），广东英德县人。早年毕业于陆军讲武堂，参加过黄花岗起义、护国讨袁、讨伐陈炯明和北伐战争，富有正义感，被尊称为"莫大哥"。

北伐结束后，莫雄被蒋介石以少将参议的虚衔剥夺军权，部队遭到缴械遣散。极度不满的莫雄，曾两次参与张发奎反蒋行动。

1930年，他通过宋子文在财政部谋个闲差，赴上海时遇到原所部政治部主任、中共党员刘哑佛，经其介绍认识了中共党员项与年，并与中共领导周恩来、李克农建立了联系。他曾几次提出入党请求，经党组织说服继续留在党外工作。

1934 年 1 月，莫雄应国民党第二路军总指挥薛岳所邀到南昌工作，经昔日好友、时任南昌行营秘书长杨永泰举荐，出任赣北第四行署专员兼保安司令。

到任前，莫雄赶回上海与中共党组织秘密磋商，将项与年等十余名地下党员作为"袍泽部下"，安排在专署保安司令部任职。正是在此任上，莫雄做了一件关乎中国革命命运的大事。

同年 7 月，蒋介石的"铁桶计划"出炉，并于 9 月在庐山牯岭召开军事会议，安排部署具体实施方案，莫雄也奉命参会。等军事会议一结束，莫雄就带着全套"铁桶计划"回到专署保安司令部。

经过反复思考，莫雄冒着杀身毁家之险把整个"铁桶计划"交给中共联络员、保安司令部机要秘书项与年。

莫雄焦急地对项说："你赶快交给你们的上级，万万不可耽搁！"项与年接过这份关系到党和红军生死存亡的绝密情报，异常感动地说："莫大哥，谢谢你！我代表共产党感谢你！红军不会忘记你！"

智送情报

项与年拿到情报，立即找来地下党员刘哑佛、卢志英商量，决定由项与年亲自负责送出情报，因为项与年会讲客家话，过关卡比较隐蔽。

三人连夜用密写药水把情报上的敌人兵力部署、火力配备、进攻计划、指挥机构设置等要点逐一密写在四本学生字典上，将作战图用透明纸描摹下来，直到天色吐白，才将整个"铁桶计划"密写完毕。

接着又对沿途敌情进行分析，选择了一条较为快速安全到达苏区的路线：由南昌乘车到吉安，进入泰和，再从山区直插兴国、于都到达瑞金。随后，项与年便装扮成教书先生出发了。

这里要对项与年做个介绍。他原名项廷椿，福建连城县人。1927年，项与年被调入中央特科"红队"。1928年8月，中革军委秘书白鑫叛变投敌出卖中共领导彭湃等人后，一直躲在国民党情报处长范争波家中。正是项与年带领四名队员昼夜守伏，将终于露头的白、范二人击毙。此时的项与年已近不惑之年，地下斗争经验非常丰富。

进入泰和山区后，项与年发现敌情远比预想的严重。每个村子都驻有进剿的敌军，所有进出苏区的道路都被严密封锁，发现可疑之人立即逮捕。项与年见状只得在山林中穿行露宿，以少量干粮和野果山泉充饥。经过多天的艰难跋涉，项与年变得胡子拉碴、骨瘦如柴。当他到达兴国后，发现敌人封锁更加严密，几乎每个村子都修有碉堡，各山头路口均有岗哨，青壮年一接近就立刻被抓走。项与年只好再回山里寻求时机。

时间不等人，心急如焚的项与年终于想出一计，他心一横，从地上抓起一块石头一连敲下四颗门牙。

第二天，他的双腮严重肿胀，面部变得狰狞吓人，头发像蒿草一样蓬乱，衣服也早已被荆棘挂得破烂不堪，完全成了一个蓬头垢面、让人厌恶的老叫花子。他忍着疼痛将四本密写字典藏在满是污秽的袋子里，上面放着乞讨来的发馊食物，赤着双脚下山了。沿途敌军哨兵见了，很远就捂住鼻子将他赶走。项与年终于混过了敌人层层哨卡，于10月7日到达瑞金，在沙洲坝找到了中共临时中央。

当周恩来、李克农接过项与年的绝密情报时，几乎认不出眼前站的老叫花子就是相熟的老部下，感动之情无以言表。在听完项与年汇报后，马上命令红军作战情报部门立即将四本密写字典复原成文字图表，认真进行分析研究。

开始长征

当"铁桶计划"被临时中央"三人团"（李德为军事指挥、博古为政治决策、周恩来负责督促执行军事计划）传阅后，他们惊诧之余立刻意识到中央红军面临极度危险，如不采取断然措施，就会很快陷入敌军重围之中。

这时中革军委又收到前方战报：敌军已攻击到兴国、宁都、石城、长汀、会昌一线，我战略要地古龙岗已被敌完全占领，整个中央苏区仅剩下瑞金、于都、长汀、宁都、会昌五座县城，红军在各个方向频频告急。

情况表明，敌"铁桶计划"正在一步步实施。临时中央负责人深感形势严峻，必须抢在敌"铁桶"尚未合拢前，迅速跳出敌人的包围圈，否则后果不堪设想。

而在此之前，临时中央也已意识到在内线打破敌人"围剿"已无可能，为此中革军委曾命令红七军团、红六军团、红二十五军先行北上西征（也是最早开始长征的红军部队），并发出"猛烈扩大红军三万"的口号，充实主力部队，为红军战略转移做准备。

经过对"铁桶计划"和当前敌我态势的分析，临时中央仓促做出决定，以中革军委名义发布战略转移的行动命令。

10月8日，红军地方部队奉命接替各线防御，主力向兴国、于都、瑞金地区集结。

11日，红军总司令部及直属部队编组成第一野战纵队，中央机关为第二野战纵队，并成立以项英、陈毅为首的中央分局率地方部队留下坚持游击战争。周恩来还利用关系与西线国民党陈济棠部达成了秘密借路协议。

10月16日至18日，紧急集结在于都境内的中央红军主力8.6万人，分别从4个渡口渡过于都河，于10月21日发起突围战役，踏上了"西征"，即后来的长征之路。

在中央红军突围走后的第十天，按照"铁桶计划"推进的敌军先后占领了宁都、长汀、会昌等地，当兵临瑞金城下时才得知红军主力早已转移。

正在北平协和医院住院的蒋介石接到报告后，暴跳如雷，知道一定有人走漏消息，连假牙都顾不得戴就立马赶回南昌查办此事。但他直到逃往台湾时，也没弄清究竟是谁向共产党提供了情报。

由于当年的绝密情报仅限于临时中央极少数人知道，而战略转移又仓促匆忙，就连毛泽东等许多领导人事先都不清楚，导致以后的党史文献也很少提及此事。但党和人民并没有忘记莫、项二人的功勋。

毛泽东后来知道此事时，曾称赞这份"四角号码情报"功绩是巨大的，新中国成立后他还特意叮嘱南下广东的叶剑英要找到莫雄安排好他的工作。

1956年国庆节，解放军副总参谋长李克农上将又委托项与年将莫雄接到北京参加国庆典礼，叶剑英元帅代表党中央设宴招待两位功臣，称赞他们为革命事业做出的重大贡献。20世纪90年代上演的电影《英雄无语》就是专门描写他们这一历史功勋的。

从三大战役看双方统帅

文／金冲及

什么是战略决战？就是指对战争全局有决定意义的战役，通常表现为交战双方的主力会战，因为只有在会战中歼灭对方的主力，才能最终决定战争的胜负。在全国解放战争中，战略决战就是辽沈、淮海、平津三大战役。在战争史中，双方统帅如何统筹全局、做出判断、布局下子，如何处理战争进程中那些异常复杂而有关键意义的问题，他们的领导能力究竟怎样，后果又是如何，常常引起人们的特别兴趣。

关于毛泽东

毛泽东本来不是军人。他自己说过："我是一个知识分子，当一个小学教员，也没学过军事，怎么知道打仗呢？就是由于国民党搞白色恐怖，把工会、农会都打掉了，把五万共产党员杀了一大批，抓了一大批，我们才拿起枪来，上山打游击。"

既然如此，为什么毛泽东会成长为一位出色的军事统帅？他的办法是"从战争中学习战争"。这有两层意思：一是要投身到战争实践中去，否则就谈不上从战争中学习战争；二是要在战争实践中用心去想，不断总结实践中成功的经验和失败的教训，用来校正自己的认识和行动，并且把战争中遇到的重要问题提到较高的原则性上去思索和解决，这就是研究战略问题。

陈毅曾对毛泽东的军事思想作过这样的概括："其特点是以实事求是的方法去研究中国战争的实际，去发现和掌握中国革命军事的总规律。"陈毅说得很对。实事求是，确实是毛泽东军事思想的精髓。在战争中，他总是力求熟识敌我双方各方面的情况，使作战的部署和指挥尽量适合当时当地的情况，使主观的指导和客观的实际情况相符合，做那些实际上可能做到的事情，而不是只凭主观愿望去瞎指挥。这是他在战争中所以能克敌制胜的关键所在。

对军事统帅如何正确指挥作战的思考和实行过程，毛泽东有具体清晰的论述："指挥员的正确的部署来源于正确的决心，正确的决心来源于正确的判断，正确的判断来源于周到的、必要的侦察和对于各种侦察材料的连贯起来的思索。指挥员使用一切可能的和必要的侦察手段，将侦察得来的敌方情况的各种材料加以去粗取精、去伪存真、由此及彼、由表及里的思索，然后将自己方面的情况加上去，研究双方的对比和相互的关系，因而构成判断，定下决心，做出计划——这是军事家在做出每一个战略、战役或战斗的计划之前整个的认识过程。粗心大意的军事家不去这样做，而是把军事计划建立在一厢情愿的基础之上，这种计划是空想的，不符合实际的。"

"认识情况的过程，不但存在于军事计划建立之前，而且存在于军事计划建立之后。当执行某一计划时，从开始执行起，到战局终结止，这是又一个认识情况的过程，即实行的过程。此时，第一个过程中的东西是否符合实际，需要重新加以检查。如果计划和情况不符合，或者不完全符合，就必须依照新的认识，构成新的判断，定下新的决心，把已定计划加以改变，使之适合于新的情况。部分地改变的事差不多每一作战都是有的，全部地改变的事也是间或有的。鲁莽家不知改变，或不愿改变，只是一味盲干，结果非碰壁不可。"

这两段话是毛泽东在 1936 年 12 月写的，而他在 12 年后的三大战略决战时，作为中国人民解放军最高统帅，也是这样思考和践行的。正确判断战争全局的客观形势，是中国人民解放军决定发动三大战略决战的出发点和基本依据。到 1948 年 8 月，正确选择决战时机已成为刻不容缓的问题。

三大战略决战是从东北战场开始的。叶剑英描述了毛泽东的决策过程："当时全国各战场的形势虽然在不同程度上都有利于人民解放军的作战，但敌人在战略上却企图尽量延长坚守东北几个孤立要点的时间，牵制我东北人民解放军，使我军不能入关作战；同时，敌人又准备把东北敌军撤至华中地区，加强华中防御。在这种情况下，如果我们把战略决战的方向指向华北战场，则会使我军受到傅作义、卫立煌两大战略集团的夹击而陷于被动；如果我们把战略决战的方向首先指向华东战场，则会使东北敌人迅速撤退，而实现他们的战略收缩企图。因此，东北战场就成为全国战局发展的关键。""决战首先从局部的形势开始，进而争取全局上的更大优势。由于迅速而顺利地取得了辽沈战役的胜利，就使全国战局急转直下，使原来预计的战争进程大为缩短。"

作战方向确定后，为了取得理想的作战效果，毛泽东和中央军委在三大战略决战中几乎都采取了奇袭的作战方法。在三大战略决战中，初战几乎都采取奇袭的做法，先从对方"不意"的要地突然发动强有力的攻击，在它的防御链上打开一个大的缺口，使对方在部署和心理上都陷于异常慌乱的地步，再一步一步扩大战果，直到取得全局的胜利。

关于蒋介石

蒋介石是一名军人，先后在保定军官学校和日本士官学校学习过。在大陆期间，他任职最久的职务是国民政府军事委员会委员长，很多人往往用"委员长"来称呼他。毛泽东曾说过："蒋介石代替孙中山，创造了国民党的全盛的军事时代。他看军队如生命。""有军则有权，战争解决一切，这个基点，他是抓得很紧的。"但从他的一生来看，他长于政治权术，军事指挥能力却未见得高明。

埃德加·斯诺在1936年7月9日问曾同蒋介石在黄埔军校共过事、对蒋十分了解的周恩来："你对蒋介石作为一个军人，看法如何？"周恩来回答："不怎么样。作为一个战术家，他是拙劣的外行；而作为一个战略家，则或许好一点。""他的政治意识比军事意识强，这是他能争取其他军阀的原因。"细看国民党各派的内战，蒋介石先后打败了李宗仁、冯玉祥、唐生智、阎锡山、十九路军、陈济棠等，主要依靠的是政治分化和金钱收买，而没有表现出高超的战略指导和作战指挥能力。

衡量一个军事统帅是不是具有远大的战略眼光和驾驭复杂多变局势的能力，至少可以从两方面来考察：第一，他能不能对全局情况的发展变化及时掌握，清醒地做出正确的判断，并且预见到下一步可能的发展；第二，他能不能针对面前的实际情况制定明确而有效的决策。

从三大战略决战的实践检验中可以看出，蒋介石这两个条件都不具备，而且始终自以为是，出了错只怪部下无能或没有执行他的指示。这些都是军事统帅的大忌，他在平时都有表现，而在辽沈、淮海、平津这些决定命运的战略决战中暴露得格外突出。

国民党军队的作战指挥大权一直紧紧抓在蒋介石一个人手里，凡事都要由他来决断。深得蒋介石信任的外交部长王世杰在 1948 年初的日记中写道："目前国防部实际上全由蒋先生负责，诸事殊乏分责之人。"

辽沈、淮海、平津三大战略决战，对蒋介石的军事指挥才能是一次严格的检验。可以看到，他的作战决策实在缺乏章法，并且严重地脱离实际。先是对战场局势缺乏客观而全面的分析和了解，更谈不上对它的发展趋势有足够的预见，没有经过深思熟虑、明确而坚定的作战预案；临事张皇失措，被动应付，而又主观武断，甚至在辽沈战役和淮海战役的中后期，依然盲目地想同解放军在不利条件下"决战"；继而决心动摇，终致束手无策，多次慨叹"此事殊出意外"，只能"默祷恳求上帝护佑"。他在 1949 年 2 月 25 日的日记中写道："对共匪不能有所期待，而以阻止其渡江为唯一要务。"他已提不出其他办法，但他的主要军事力量既已失去，被他视为"唯一要务"的"阻止其渡江"计划又怎么做得到呢？

1948 年 12 月 30 日，毛泽东发表《将革命进行到底》。1949 年 4 月 21 日，毛泽东和朱德联合发表《向全国进军的命令》。至此，中国共产党在全国的胜利可以说大局已定了。

孙中山最后的日子

文／鄢增华

与病魔做斗争

1924年12月31日，孙中山在天津停留了29天后，扶病入京。入京后，孙中山的病情进一步加剧。

1月26日，在宋庆龄的陪同下，孙中山入住协和医院。当大夫将孙中山的腹壁切开后，眼前的情况让所有在场的人吃了一惊，只见整个肝脏表面、大网膜和大小肠面上长满了大小不等的黄白色结节，结节发硬，整个腹腔内脏器粘连在一起，已经无法进行手术。大夫从肝上取出小块组织做活检标本后，就将伤口缝合了。术后，医生随即对孙中山的肝组织活检标本进行了化验，最终得出的结论是：肝癌晚期。

孙中山患癌症的消息传到广州，廖仲恺非常焦急，但因党政军务集于一身，无法进京探视。而孙中山也示电："广东不可一日无仲恺。"于是，廖仲恺便让夫人何香凝赴京协助照料。何香凝于2月10日下午抵京。

从2月16日起，协和医院采用当时最先进的放射性镭锭照射的方法，对孙中山进行治疗，但未见好转。这时，大家都主张改用中医治疗，期盼奇迹出现。

2月18日中午，孙中山自协和医院移居铁狮子胡同行馆，由张静江、胡适等推荐中医陆仲安诊治。

三份遗嘱

孙中山在改用中医调养后，似乎各方面都有了起色。但到了2月24日，病情又发生大变，早上，孙中山突然不能吃任何东西了，而且气息微弱，呼吸也急促起来。经中医诊断，谓"决为肝血大亏之证"。

最不愿意看到的事情正一步步变成现实。而请孙中山立遗嘱的事情也不得不提上日程。

2月24日下午3时，汪精卫、孙科、宋子文、孔祥熙四人在征得宋庆龄的同意后，一起来到孙中山病床前。

感觉到有人进来了，孙中山微微睁开眼睛，问："你们有什么事吗？直说无妨。"说罢，又把眼睛闭上了。汪精卫说："我们四个人，今天是以同志的资格来看总理的病况的。总理的病，大概不久就可以好了。不过好了以后，可能要经过长时间的调养。总理在调养的时期内，本党的事情很多，而且很忙，不能停滞，一定要有同志代总理执行党务才好。要有同志能够代总理执行党务，合乎总理的意思，没有错误，一定要总理先说几句话，让各同志有所遵守才好。"

汪精卫继续说："我们预备好了几句话，读给总理听。总理如果是赞成的，就请总理签个字。如果总理不赞成，便请总理另外说几句话，我可以代为笔记下来，也是一样。"孙中山一听，便让汪精卫将准备好的内容念给他听。汪精卫取出一张写好的遗嘱读道：

余致力国民革命凡四十年，其目的在求中国之自由平等。积四十年之经验，深知欲达到此目的，必须唤起民众及联合世界上以平等待我之民族，共同奋斗。

现在革命尚未成功。凡我同志，务须依照余所著《建国方略》《建国大纲》《三民主义》及《第一次全国代表大会宣言》，继续努力，以求贯彻。

最近主张开国民会议及废除不平等条约，尤须于最短期间促其实现，是所至嘱！

孙中山听完，点头道："好呀，我甚赞成！"

接着，宋子文又继续请求道："先生对于党务既是赞成说了几句话，对于家属也请说几句吧。"孙中山表示同意。汪精卫随即将准备好的第二张纸取出来读道：

余因尽瘁国事，不治家产。其所遗之书籍、衣物、住宅等，一切均付吾妻宋庆龄，以为纪念。余之儿女已长成，能自立，望各自爱，以继余志。此嘱。

孙中山共有三份遗嘱，除了国事遗嘱和家事遗嘱，还有一份《致苏俄遗书》。关于这份遗嘱，汪精卫说是陈友仁起草的，而据何香凝回忆，这份遗嘱是2月24日孙中山用英文讲述，陈友仁、宋子文、孙科等记录的。无论怎样，这份遗嘱一定是得到了孙中山本人的认同。

3月11日上午8时左右，何香凝进病房探视，发现孙中山的瞳孔开始放大。她赶快跑出来对汪精卫说："现在不可不请先生签字了。但顶困难的是，有什么方法使孙夫人能忍耐些呢？因为先生平时是最仁爱的，他若见了夫人在旁边哭，他一定是不肯签字，致令夫人伤心的。"汪精卫同意何香凝的话。何香凝又找到宋子文，对他说："遗言中尚有致孙夫人者，今日不签，迟恐不及。"于是，何香凝和宋子文一同找到宋庆龄，向她表达了请孙中山马上签署遗嘱的意思。宋庆龄深知孙中山遗嘱的重要，她忍痛说："到了这个时候，我不仅不愿意阻止你们，我还要帮助你们了。"于是，汪精卫就将孙中山的家属和在京的国民党员一起召唤到孙中山病榻前，此时已是中午。

汪精卫将两份遗嘱呈给孙中山，孙科把钢笔递给孙中山。但这时孙中山连签字的力气都没有了。看到孙中山握笔颤抖不能自持的样子，宋庆龄含泪托其手腕让他签字。孙中山虽然腕力很弱，但"孙文，3月11日补签"几个字却非常清楚。他签过字后，汪精卫在笔记下签名，在场的宋子文、邵元冲、戴恩赛、孙科、吴敬恒、何香凝、孔祥熙、戴季陶、邹鲁等九人，也都在证明者下面签了名。签完国事、家事遗嘱后，陈友仁将《致苏俄遗书》呈给孙中山，由宋子文念了一遍，孙中山听后，签上了英文名：Sun Yat-sen。

"和平、奋斗、救中国"

签完遗嘱后，孙中山已经非常虚弱，他也清楚自己将不久于人世。于是，在遗嘱上签过字后，他对身边人说道："我这回放弃革命根据地的广东，来到北京，是为谋和平统一的。我所主张统一的方法是：开国民会议，废除不平等条约，实行三民主义和五权宪法，建设一个自由平等的新国家。现在为病所累，不能痊愈，以致主张未能达到！生死本不足惜，但是数十年为国民革命所抱定的主义不能完全实现，这是不能无遗憾的！我希望各位同志努力奋斗，使国民会议早日开成，不平等条约即得废止，达到实行三民主义和五权宪法的目的，那么，我死了也是很瞑目的！"说罢，整个房间里静然无声。众人都掩面暗泣，悲不可抑。

此时的孙中山知道自己将不久于世，就对宋庆龄说，他死之后希望能像列宁那样用防腐药品保存身体，并希望"葬于南京紫金山麓，因南京为临时政府成立之地，所以不可忘辛亥革命也"。讲完这番话，宋庆龄再也控制不住，失声痛哭。孙中山又连连呼叫"廖仲恺夫人"，何香凝闻声赶到。何香凝边哭边对孙中山说："我虽然没有什么能力，但先生改组国民党的苦心，我是知道的，此后我誓必拥护孙先生改组国民党的精神。孙先生的一切主张，我也誓必遵守的。至于孙夫人，我也当然尽我的力量来爱护！"孙中山听到何香凝的这番话，紧紧地握着她的手说："廖仲恺夫人，我感谢你……"

1925年3月12日凌晨1时30分，孙中山突然频繁辗转，气息越来越微弱，医生见此情景，就让家人和国民党同志围绕在孙中山病榻前。此时的孙中山已处于弥留之际，不能连续讲话，只是断断续续地不断重复着"和平""奋斗""救中国""国民会议""同志奋斗"。

3月12日9时30分，一代伟人孙中山停止了呼吸。

解放战争前夜的一次战略飞行

文／张振文

1945 年 8 月 25 日午后，一架美军运输机顺利降落在太行军区的长宁机场。消息传回延安，毛泽东等党中央领导人终于松了一口气。

这看似平常的一次飞行，却是事关中国命运的一次战略空运。搭载这架飞机的 21 名乘客中，有 3 人后来成为共和国元帅，14 人成为中将以上的开国将领。如果这次飞行出现意外，后果不堪设想。

毛泽东的非常之计

自 1943 年下半年起，中国共产党领导的各抗日根据地的大部分领导人，奉调回延安参加整风学习和党的七大。1945 年 8 月，日本宣布投降后，抗日战争局势迅速变化。蒋介石在美国的支持下，利用飞机、军舰抓紧运送国民党军队抢占各大城市和交通要点。面对这种局面，党中央、毛泽东决心针锋相对，将东北、华东、晋冀鲁豫等地划分为战略区，要求各地部队拿起武器，保卫解放区。

在此形势下，各战略区的高级将领必须尽快返回前线。但当时延安几乎没有现代化的交通工具，从延安到太行近八百公里，步行要经过黄河天险、黄土高原、晋南山地的沟壑，还要冒险穿过敌军占领区的道道封锁线。一年多以前，杨得志率部从稍远的濮阳来延安，走了七十多天。如果回程也按照这样的速度计算，则势必远远落后于有美军支持的国民党军的调整部署，我军的战略主动权必会丧失。在这紧急时刻，党中央、毛泽东果断做出了一个大胆的决定："借"一架美军飞机，将这些将领尽快送回前线。

叶剑英巧借美军飞机

借飞机的任务就交给了与美军驻延安观察组素有交往且关系不错的叶剑英。原来，1944 年美国总统罗斯福决定派一个军事和政治观察组到延安和其他抗日根据地，搜集日本的情报，加强同共产党的联络。当年的 7 月 22 日和 8 月 7 日，美军观察组分两批到达延安，负责与美军观察组联络的中共代表正是八路军参谋长叶剑英。

叶剑英接受任务后，迅速前往美军观察组成员住处，先致以抗战胜利的热烈祝贺和热情慰问，接着，便以比较轻松的语气提出想"借"一架飞机送一批干部回八路军前方总部。至于是哪些干部，叶剑英故意避而不谈。美军观察组也无意探问，便一口答应下来。

8 月 25 日上午，在党中央的周密安排下，陈毅、刘伯承、邓小平、林彪、薄一波、滕代远、陈赓、萧劲光、杨得志、邓华、李天佑、江华（黄春甫）、聂鹤亭、陈锡联、陈再道、王近山、张际春、宋时轮、傅秋涛、邓克明等 20 位重要领导人，分批赶到了机场。前来送行的杨尚昆夫人李伯钊提议给大家照张合影留念，陈毅诙谐地说："要是我们摔下来了，将来就用这张照片开追悼会吧！"

登机前发生了一个小插曲。时任美军驻延安观察组联络员的黄华，每次美机抵离延安都要到机场去查看情况。这一天，他照例来到机场，一下子看到这么多负责同志，很是惊奇，一打听才知道情况。因为乘客中没人懂英语，他担心如果飞行中有紧急情况发生，我们的负责同志与美军飞行员不能沟通，就会很危险，便向杨尚昆提出随机行动，陪他们飞到太行。杨尚昆同意了，于是黄华就成了第21名乘客。事实证明，黄华在飞机上确实发挥了作用。飞行途中，有一段路途飞机突然升高，大家都不知道怎么回事，便问黄华。黄华用英语同美军驾驶员谈了几句后，告诉大家说："现在是过同蒲铁路，美国人说这一带可能有日军的高射炮阵地，为了避免不测，将飞机升到他们的射程以外。"这才打消了大家的担心。

有惊无险的空中之旅

经过四个多小时的颠簸，飞机终于到达目的地——山西东南黎城县的长宁临时机场。飞机平安落地后，李达即带人迎了上去。

当飞机平安到达目的地的电报传到延安后，毛泽东遂决定飞赴重庆，与蒋介石展开谈判。

这次绝密空运，使共产党本来至少需要两个多月艰苦跋涉的输送任务，在半天之内即告完成。这些久经战场考验、善打胜仗的将领，先敌一步到达战区，开始从容地选择战场和战机。如刘、邓下飞机后，即由黎城星夜赶到一二九师司令部驻地河北涉县赤岸村，抓紧部署上党战役。上党战役的胜利，痛击了蒋介石的内战气焰，有力地支援了以毛泽东为代表的党中央在重庆谈判中的立场。陈毅、林彪等在分头赶赴华东、东北战场后，也迅速展开部署，波澜壮阔的解放战争由此展开。

揭秘开国大典前天安门扫雷行动

文／朱　烁

1949年8月，北平护城河畔一处住宅内，一支600人的特殊队伍悄然成立，它的名字传奇而神秘：北平市公安局便衣警卫大队，任务就是保卫全国政协第一次大会和开国大典。

最关键的岗位给了女生队

六十多年后的今天，时任大队政委的慕丰韵说："所有警卫人员都是我们亲自挑选的，政治素质好是先决条件，不怕牺牲是必要条件。"便衣大队的600名警卫由三部分力量组成，其中北平纠察总队抽调一个连队，负责担任路线警卫，他们的任务是散布在领导出行沿途保卫安全；华北军区情报处抽调一部分侦察员，担负党和国家领导人住地、活动场所附近的秘密警卫。这两部分人员都是经过实战历练的大小伙子，"我对他们的要求只有一样，干什么像什么，卖什么吃喝什么，别只装个样子，便衣警卫们真的去拜师学艺。"于是，支起摊子卖水果，敲着小鼓收破烂，拿起针线修鞋……原本的军官就这么干起了"小买卖"。

最特别的是第三支队伍，这是40名从应届高中毕业生中抽调出的女生，任务就是在天安门城楼以服务员身份贴身保护领导和贵宾安全。

"我们把最关键的担子压给了女孩子。党和国家领导人的贴身卫士由中南海九局选派，这些女便衣最主要的任务就是保证城楼水源安全。"慕丰韵说，"可别小看端茶倒水，当时特务最擅长下毒，天安门城楼上的水都是专供的，专人负责烧水看管，女生们必须保证从专人手中取水，再送到领导面前，过程中壶不能离手。服务之余女孩子们还要眼观六路，时刻注意城楼上动静，毕竟她们的身份是便衣警卫。"

身负暗杀任务的大特务落网

"大典前夕，截获的情报显示，国民党准备开飞机来轰炸，并派特务搞暗杀。空军部队在防空方面做了周密的部署，而我们警卫大队最主要的任务就是提前抓获那些杀手特务。"

谈起戴运鹏，慕老多少有些后怕。戴运鹏是精英级别的特务头子，国民党保密局给他的任务只有一个：开国大典上刺杀毛泽东。

戴运鹏曾经三次来北平潜伏在朋友家中，刺探北平城里的环境，寻找下手时机。第四次入境时，情报部门通知慕丰韵立即展开擒获行动，情报中特别提醒便衣大队，该特务会武术，一身轻功能上房。

当时慕丰韵还真没敢掉以轻心，特别挑了四名彪形大汉守在深圳口岸，戴运鹏刚进关就被摁住。"我亲自审问戴运鹏，问他到底会不会轻功，他承认是吹牛吓人的，也就是跳得高一些。抓住他时，距离开国大典时间已经非常近了。"慕丰韵说。

扫雷器过滤天安门城楼

开国大典一天天临近，慕丰韵和战友们的心也一天比一天紧张。"那年头也没别的武器，我们就怕炸药和地雷。大典前夜，战士们拿着扫雷器仔仔细细地把天安门城墙、观礼台探了一遍，每个座椅下面、每个旮旯边角，查了又查。安全了，马上派武装战士把天安门会场区域围起来，严密封锁。"当晚，周恩来亲临天安门城楼检查安保工作，特别把慕丰韵叫到身边详细询问了安保情况后，方才放心离去。

1949年10月1日早上8点半，慕丰韵准时到岗，他的指挥部设在金水桥畔的观礼台中，头顶就是天安门城楼。

"毛主席等中央领导同志从中南海出发前，九局的贴身警卫通过保密电话通知我，我再把便衣警卫撒出去，分布在从中南海到天安门沿途。为了防止泄密，严禁过早通知，提前半小时才能发出信息，便衣警卫须在首长出门前20分钟到岗。"慕丰韵说。

毛主席等中央领导的车出了中南海，慕丰韵的心提到了嗓子眼儿，直到领导们平安走上天安门城楼，大家的心才稍稍放宽了些。回想当年这场没有硝烟的暗战，慕丰韵淡淡地说："1949年10月1日，平安无事。"

20 世纪五六十年代哪些国家"欺负"过中国

文／赵　泽

近年来领土争端不断，很多人开始怀念毛泽东时代外交的"挺直腰杆"。事实上，外交状况如何取决于国家的整体实力，当时的国力恐怕还不足以让领导者的腰杆硬起来。

美国：飞机多次入侵中国领空

对于美国飞机进入中国领空的情况，虽然中国导弹部队开创了导弹打飞机的先例，但由于当时中国空防海防技术和能力落后很多，因此只能不断地警告再警告。

从《人民日报》的报道中我们可以看到领空领海被美军飞机军舰入侵次数之多：

1960 年 5 月 27 日，《人民日报》发表社论说，5 月 25 日，美国军舰侵入我国福建东引地区海域，我国外交部发言人奉命又提出严重警告。这是自 1958 年 9 月 7 日以来我国政府对美国政府的第 100 次警告。

1965 年 5 月 12 日，"美国战斗机五架公然侵入中国云南省马关东北地区上空，偷袭中国训练飞机，并发射导弹，击落中国机一架。

我国防部发言人当晚……提出最强烈抗议。毛泽东思想武装起来的七亿中国人民是不好惹的"。

1969年6月23日，中国就整机整舰侵犯中国领空领海提出第469次严重警告……

苏联：与中国边界冲突不断

据《人民日报》1969年5月25日刊载的《中华人民共和国政府声明》称："从1964年10月15日到今年3月15日以前，苏联方面挑起的边境事件竟达4189起之多，比1960年到1964年期间苏联方面挑起的边境事件增加了一倍半，手段更为恶劣，气焰更为嚣张。苏联军队侵入中国领土，杀人放火，打死、轧死手无寸铁的中国渔民、农民，甚至活活把他们扔到江里。"

这些事件最终引发了1969年3月的珍宝岛之战，但战争并没阻止苏联的越境骚扰。1969年8月13日，一支30余人的中国边防巡逻队在新疆裕民县遭到苏联军队300余人伏击。这支巡逻队遭包围后，与十倍于己方的敌人进行了长达4小时的顽强作战，终因寡不敌众和武器装备上的悬殊差距，最后全部阵亡。

越南：抢占南海诸岛

美国支持的南越政府于1956年5月26日宣称对全部西沙群岛、南沙群岛拥有主权，同时在法军撤走后出兵占领了西沙群岛中甘泉岛和南沙的部分岛屿。1975年3月，越南人民军主力南下，在4月间占领西贡，并在南越军队原先占领的南沙六岛登陆，招降了当地驻军并实施了占领。越南统一后马上宣称对"黄沙群岛""长沙群岛"（即中国西沙、南沙群岛）拥有主权。此外，菲律宾、马来西亚、文莱等国先后占领南沙各岛屿。

为何中国不反击呢？诚如少将徐焰所说："面对当年几国分别占领南沙岛屿，中国都没有能够采取军事行动，重要原因是那里距离海南岛也有千公里以上，此时解放军的战斗机最远作战半径不过400公里，到达西沙留空时间都不够，对南沙群岛更是鞭长莫及。"

谁画进了人民大会堂

文／吴子茹

十八大新常委的亮相，让人们注意到他们身后的一幅画。很快，这幅以大画幅著称的《幽燕金秋图》火了。这幅由书画家侯德昌携弟子创作于1994年的画经常亮相于《新闻联播》，被网友称为"出镜率最高的国画"。

人们开始关注和议论谁的画可以被人民大会堂这个中国举行政治、文化和外交活动最重要的场所收藏和展示。

大会堂最大的画

67岁的崔如琢，在助手的搀扶下有些颤巍巍地站上画桌，继续为画面上的荷花添枝描叶。桌上铺着巨大的丈二尺寸的画纸。

这是人民大会堂书画室，面积比崔如琢北五环"静清苑"里巨大的画室还要大，窗户正对着天安门广场，站在画桌上往外望去，长安街上车流如织。要创作巨幅尺寸的中国画，没有比这里更适合的场所了。

2011年6月，自幼习书画、曾拜李苦禅门下的崔如琢接到人民大会堂的邀请，要他为二楼回廊北侧的墙壁创作一幅国画。

　　画家去实地考察，发现大会堂为他提供的"那个位置非常好"，墙壁面积很大，况且背面就是傅抱石和关山月一起创作的那幅著名的《江山如此多娇》。崔如琢接受了邀约。

　　但画什么是个问题。背面傅抱石和关山月的作品是一幅山水，按照中国画的题材，花鸟当然是首选。崔如琢提出画荷。他说，"荷"象征"和"，有"和谐"之意。荷叶的风，谐音"逢"，意味"和谐逢盛世"。应景的题材，双方很快达成统一。

　　根据惯例，人民大会堂管理局方面要审稿，需要崔如琢画一幅小稿递交。但崔如琢没有打草稿的习惯。"这么着吧，我明天就开始画，你到时候看看满意不满意吧！"崔如琢如此回复对方。他开始在丈二匹的大画纸上直接画。几天以后，人民大会堂的人过来验收，看到面前的大画，很吃惊："就用这幅吧。"崔如琢笑嘻嘻地摆手，说重新再画一幅。

　　崔如琢用的是韩美林早年送给人民大会堂的丈八旧宣纸。他每天早上 8 点半到人民大会堂画室，那个条件极好的画室里却没有砚台。崔如琢有些吃惊，自己买了四个大砚台。"用大碗兑点水，兑点墨汁，那是过去写大字报用的，我说那是'文革'的后遗症。"崔如琢哈哈大笑着说。

　　一小时研磨，然后画到 12 点左右。八张丈二匹的画，每天画完一张，完成整体创作，崔如琢用了八天。最终，这张巨幅国画被命名为《荷风盛世》。

　　2012 年初，在盛大的仪式后，《荷风盛世》被正式悬挂在人民大会堂二楼回廊北侧的墙壁上。八张画拼接而成，画心长 18 米，宽 2.8 米；装裱完成之后，长 20 米，宽度达到 3 米多，画面总面积比其背面墙壁上的《江山如此多娇》要大三分之一。

"怎么会让搞幅油画挂上去呢?"

油画家陈可之也常从电视新闻中看到悬挂在人民大会堂里的各种画作,但在他印象中,人民大会堂里挂的画就是"迎客松"。因此,1998年,重庆市委要征集一张三峡主题的油画挂在人民大会堂重庆厅里时,陈可之很意外。

"那时候就是以为只有迎客松嘛。"陈可之仔细回忆当时的场景,忍不住笑,"电视里就是那点印象,怎么会让搞幅油画挂上去呢?"

1997年,重庆直辖,人民大会堂开辟重庆厅。当时,身在北京的陈可之,以画三峡题材出名。他创作的纪实油画《长江魂——三峡纤夫》在圈内广受好评。

陈可之被叫回重庆。重庆市委的领导人浩浩荡荡来到陈可之的画室。此前他已经画了好几年三峡。

三峡工程启动后,每一次截流、涨水,陈可之都要抢在前面去积累素材,"每一次我都像抢救文物一样,画那些即将被水淹没的东西"。陈可之比画着说。聊起实地画三峡的经历,他的兴趣很高。

相比于其他以三峡为主题入画的画家而言,陈可之更为关注三峡的历史,他的创作颇有些记录现实、怀古抚今的味道。这也是陈可之被选中为重庆厅作画的原因。

陈可之画了三幅稿,一幅《几度夕阳红》,画夕阳下的三峡,以三峡千层石的石块为主;另一幅是《月是三峡明》,月色下静静的三峡景色。最后被选中的是一幅《三峡晨曲》。画面中,晨曦在远方升起,照耀着打开的夔门,一只雄鹰正向着夔门的方向展翅。画面近处，经过千百年的石头被作为主体，它们皲裂，历尽沧桑，长江水无言，依旧拍打着饱经风霜的江石。

陈可之认为，正是因为画中有明亮的向往，才被选为最终方案。"千百年来，重庆跌宕起伏的故事太多了，但是总要往光明的地方看。"陈可之说。

画完后作品要运到北京去，重庆市领导很重视，问陈可之有什么要求。"我说就是不能卷，不能折，运到北京以后我一定要看。"陈可之对记者回忆。

这幅《三峡晨曲》画了一个多月，每天只睡两三个小时。"我也不太懂（领导们）那些事，就是想着这画可一点都不能损坏，我画得太辛苦了。"陈可之说。

后来重庆找了一辆加长的车，把这幅长 5.7 米、宽 1.5 米的《三峡晨曲》不卷不折地运到了北京。它成为第一幅悬挂在人民大会堂里的油画。《三峡晨曲》的对面是刺绣，旁边是浮雕，前厅是漆壁《巫峡云霭》和《瞿塘峡之晨》。像其他地方厅一样，重庆厅的装饰极具地方特色。

大会堂的收藏

作为新中国成立十周年建成的"首都十大建筑"之一，人民大会堂的整体建筑面积 17.18 万平方米，比故宫的建筑面积还要大一些。然而很少有人知道的是，这个从设计、建筑到装潢，仅仅耗时十个多月的庞然大物，事实上是除故宫外的另一座艺术品宝库。

除了包括港、澳、台在内的 33 个地方会议厅外，迎宾厅与宴会厅、国家接待厅、金色大厅等，都注重用书画作品进行装饰。《江山如此多娇》就挂在迎宾厅正面的墙壁上，画心高5.65米，宽9米，以毛泽东的《沁园春·雪》词意为题而作，画题由毛泽东亲笔所书。

除迎宾厅外，国家接待厅是另一个具有浓厚艺术风格的大厅，主墙面上的巨幅国画《大河上下·浩浩长春》，由著名国画家谢瑞阶创作，画作尺幅为6.85米×3.82米。

除国画外，书法也是人民大会堂悬挂最多的艺术作品，其中最著名的是启功的弟子张志和的书法作品《中华颂》，悬挂在金色大厅。此外还有东大厅的巨幅隶书《到韶山》，以及澳门厅的书法《九九归字图》等。

地方厅的特点则主要在于地方特色的长卷刺绣、浮雕、壁画等，也不乏书画佳作。例如河北厅的《和平昌盛图》、北京厅的国画《梅花》及书法作品《毛主席诗词》、四川厅的大幅国画《峨眉山金顶云海》等。

半个多世纪，人民大会堂共收藏了一千多件作品，其中囊括齐白石、吴作人、关山月等画家的作品。最近的一次公开收藏是2012年，人民大会堂管理委员会在全国范围内发出约稿函，收藏了一批中国画家的作品。

陈可之眼里的"迎客松"，悬挂在人民大会堂东大厅，是国画家刘晖的作品。中国国家领导人在这幅"迎客松"前接待国外使者，因此成为人们最熟悉的人民大会堂画作之一。

陈可之现在每隔几年就要去一趟人民大会堂，为他自己的那幅《三峡晨曲》上油、上色。"感觉好像就是自己的孩子一样，你丢不开它。"陈可之这样说道。

中南海来信

文／文　章

毛泽东一天回复了 18 封信

1950 年 5 月上旬，毛泽东亲自回复了将近 80 封信，仅 5 月 7 日一天，就回了 18 封。

有的同志说，主席的工作量太大了，是不是可以选送一些，一般来信可不可以搞内容摘要，待毛泽东同意后，秘书室每天送信 5 至 10 封，一直到 1966 年。

曾任中共中央总书记的胡耀邦一年要读 5 万封人民来信，读到愤慨处，常拍案而起。据新华社报道，胡耀邦自 1979 年至 1985 年，6 年间批阅的人民来信就达到 2000 封，平均一天一封。

胡耀邦在一封"要求落实政策"的来信上，写了这样一段批语，可以称为是中央领导人对信访工作的思考："6 年以来，我几乎每个礼拜都收到要求落实政策的信，大部分我都批了，可能不下 1000 件，批了的，大部分都有回报。为什么推一下动一下，不推就不动？这是人的问题，我主张由专人负责，查一个就解决一个，使官僚主义无法推脱。"

几代领导人的回信风格

偏爱群众路线的毛泽东，将阅读人民来信当成接触民众的窗口。

1949年8月，北平市召开第一届各界代表会议，会上，毛泽东从口袋里掏出一封群众来信，"国民党、共产党半斤八两，粮食不断涨价。"念完后，毛泽东请大家出主意，想办法。不久，国家开始抓"粮老虎"，实行粮食统购统销政策，解决粮食涨价问题。

也正是一封来信，让晚年的毛泽东开始反思自己的失误。1972年，福建省一名小学教师李庆霖写信给毛泽东，陈述了下乡知青的困境，以及上山下乡运动中不合理的因素。此时毛泽东已经80岁，但仍亲自给李庆霖回信："李庆霖同志：寄上300元，聊补无米之炊。全国此类事甚多，容当统筹解决。"之后，中央把李庆霖的信和毛泽东的复信印发给全国，由此1700万知青的命运开始改变。

作为中共第二代领导集体的核心，邓小平的回信方式单刀直入、开门见山、举重若轻。

1979年，国家两次邀请美国圣卡勒拿大学教授陈树柏回国访问，但因其父系国民党元老陈济棠，陈树柏顾虑颇多。于是他给邓小平写了一封试探性的信，邓小平亲书"渡尽劫波兄弟在，相逢一笑泯恩仇"这两句诗，回信赠予了陈树柏。原本陈树柏回国后就打算回避谈其父亲，岂料邓小平却偏偏开门见山，令他感动不已。

邓小平的亲笔回信，内容也多简短直接，毫无虚言。

1987年，粤剧名家红线女（邝健廉）北上演出。红线女写信邀邓小平赏光，第二天邓小平回信说："谢谢您的邀请，但我不能来，因为我耳朵不好，听不见。请不要因为我不能来影响了您的情绪，影响了您的演出。您的演出要成功。"语言平实诚恳,有一说一。

新时期,党和国家第三代领导人江泽民对信件回复工作有独特的理解。

2001年8月1日,江泽民极为罕见地给一名曾在华旅游的外国人复信。这个人是美国纽约州大学的中文教师迈克·奥谢伊,他给江泽民写信,介绍了自己与家人在大陆旅游的"美好回忆"。江泽民在复信中说:"中国有句俗话,叫百闻不如一见。中国人民对美国人民怀着友好的感情,希望你和其他美国朋友多到中国来看看。"

当时,中美撞机事件发生不久,之后美国新任总统小布什又推动美台军售,中美关系降到冰点。而在10月份即将举行亚太经济合作组织会议,江泽民与小布什将不可避免地首度会晤,在会晤之前释放出善意,营造良好的会晤气氛,就需要微妙的设计。无论是无心插柳,还是精心准备,江泽民的回信正是这一历史变化的起点。

虽然出身理工科但胡锦涛的书信语言却充满温情。

在给北京大学教师孟二冬女儿的回信中,胡锦涛说"我是含着热泪读完你这封来信的","斯人已逝,伤如之何",这样情感流露的语言,的确是中共高层领导人回信中的亮点。

习近平特别关心青少年儿童的成长,曾先后给陕西省宝鸡市太白县鹦鸽镇中心小学包俊丽同学和就读于上海市青浦区徐泾镇民主学校八(1)班的农民工子女回过信。习近平同志亲切勉励孩子们:"少年有志,国家有望。希望你们勤奋学习、提高本领,热爱集体、团结互助,勇敢坚强、诚实守信,快乐生活、全面发展,努力成为中国特色社会主义事业的建设者和接班人。"这封信寄托了国家领导人对青少年儿童的殷切希望。

邓颖超亲述：当总理夫人其实很难

文／赵　炜

　　一位伟人的身影太高大了，自然就会遮挡住与他互为伴侣的另一位杰出人物的光辉。对于周恩来和邓颖超夫妇来说，就属于这种情况。

　　中共"九大"后，毛泽东的夫人江青、林彪的夫人叶群都成为中央政治局委员，其实，论资历、论能力、论贡献、论威望，身为周恩来夫人的邓大姐哪一点都不在她们之下，以她的才干和资历，担任党和国家的要职本来应该是顺理成章。但是，在周恩来生前的岁月里，邓颖超一直都保持着低调，除了在全国妇联担任一些领导工作外，她几乎没出任过任何国家要职。

　　我从1965年起任邓颖超生活秘书，在邓大姐身边几十年，对她的性格和能力都十分熟悉。邓大姐是那种不追求名利地位的共产党人，尤其是同周总理共同生活的几十年中，常常为了大局牺牲自己的个人利益。1976年12月，邓大姐当选为全国人大常委会副委员长，整天处于文件多、开会多、外宾多的"三多"状态。但此时的她，似乎全身的能量都被调动起来，常常工作起来就忘了休息。看到邓大姐如此高龄还能这样精力充沛地工作，我常常想，以邓大姐这样的资历和经验，新中国成立后这么多年都没有担任国家的要职，这对国家来说是否也算一种损失呢？

后来我听说，早在1975年周总理在世时党中央和毛主席就批示过让她担任全国人大常委会副委员长，可周总理不同意，就把这事儿给压了下来。我不知道这话是否当真，有一次就同邓大姐说起来。邓大姐可能早就知道这件事，她听后平静地说："恩来这样做，我很理解，那时不让我上是对的。如果恩来在的话，他一定不会让我担任副委员长的。"确实，作为国务院总理周恩来的妻子，如果邓大姐那时就出任全国人大常委会副委员长，可能也很难处理各方面的关系。想来周总理当时也是有很多考虑，才不同意邓大姐出任要职的。

"当总理的夫人其实很难。"那次我和邓大姐聊天，她深有感触地对我说。邓大姐还告诉我，周总理同她有个君子协议：两个人不能在同一个部门工作。因为这个协议，解放初期，很多人要求邓大姐出任政务院政务委员职务，周总理就没让她上。不仅如此，在很多场合，周总理也尽量"压低"邓大姐，使她在物质上和职务上做出了很大的牺牲。邓大姐回忆说："定工资时，蔡大姐定为三级，我按部级也该定五级，可报到他那里给划为六级；国庆十周年定上天安门的名单，他看到有我的名字又给划掉了；恢复全国妇联时，他也不同意我上。就是因为我是他的妻子，他一直压低我。"

邓大姐对自己的能力很自信，她很坦率地认为她的工作是党分配的，不是因为周恩来的关系人家才要选她的。但是，对于周总理生前的种种考虑，邓大姐也十分理解，从性格上说她也不是那类看重名誉地位的人。"遇事我是非常谨慎的，这你可能有感觉的。"邓大姐笑着说，"我做了名人之妻，有时也要有点委屈嘛。"

作为共和国总理的妻子，邓大姐的委屈其实并不少。比如，她陪周总理去外地工作，因为没有个人的工作安排，她便自己交房费，连服务员的费用都自己付。邓大姐也不像其他一些国家领导人的夫人经常出现在交际场合，她很少陪周总理外出，就是有时因公陪同出去也要向组织写报告，经过批准才去。

在西花厅，邓大姐将自己的位置摆得恰如其分，凡是周总理的"三保"（保工作、保健康、保安全）工作需要邓大姐做的事，邓大姐都是以家属和党员的身份配合做好；如果确实需要我们做什么事，她也总是用民主的态度和商量的口气提出要求。

一般人认为，周总理知道的事，邓大姐也一定知道，其实不然。周总理去世后，一位同志和邓大姐说话时提到一件事，邓大姐听后一脸茫然。那人惊奇地说："怎么？邓大姐你不知道呀？"邓大姐说："你们别以为恩来知道的事我全知道，没有那么回事。"

在生活上，邓大姐对周总理的照顾比较多一些。为了不让周总理分心，身为总理妻子的邓大姐有一个重要任务就是处理好亲属间的事。周总理的亲属比较多，邓大姐主动承担起照顾周家亲属的任务。从新中国成立以后，周总理和邓大姐就开始用工资的结余部分资助周家亲属的生活，并接济他们来北京治病。直到周总理去世多年后，邓大姐还一直管着他们。在接济周家亲属这个问题上，邓大姐从不让周总理操心，总是慷慨解囊。邓大姐说，这是为国家减轻负担，要是不安排好这些人的生活，也会给周总理带来不好的影响。因此，作为总理夫人，这也是她要尽到的责任。

担任全国人大常委会副委员长后，邓大姐摆脱了"总理夫人"的束缚，她尽自己所能努力工作，在四年的任期里干得相当出色。

朝鲜战争停战那一天

文／吴善良

这天（1953年7月27日），从零点起，我军为促进停战的实现而发动的夏季反击战役仍在激烈地进行着，我们团的任务是攻打白云山。直到天亮前，敌人已无力反扑，战斗才停了下来。

天亮后，我从团指挥所上了白云山。一营教导员王启明告诉我：他们昨天晚上只用两个多小时就攻下了白云山，后来又连续打退敌人在数十辆坦克和数十门大炮掩护下，由一个营增加到一个团的五次反扑。在敌人第六次反扑时，战士们手榴弹用完了，子弹打光了，当成群的敌人冲上来时，勇士们从弹坑里跃出与敌人拼刺刀，同敌人肉搏，硬是把敌人拼了下去，守住了阵地。

我来到山南面我军阵地，目睹了那壮烈撼人的场面，所到之处都是被炮弹犁翻了好几遍的虚土，石头碎成了粉末，弹坑一个套一个，被打断的树干正在燃烧，阵地上的枪支完全砸碎了，枪支和零件满山都是。几百名敌人的尸体堆满山坡，血已把山坡染红。也有不少与敌人同归于尽的烈士们的遗体保持着各种各样的姿势……勇士们的英雄壮举，足以惊天地、泣鬼神。望着阵地上我军勇士与敌搏战、夺取胜利的壮烈情景，我禁不住掉下了眼泪，心被震撼，情感如瀑。

中午回到驻地后顾不上歇息，立即给我军《战斗报》写稿（我是该报通讯员）。当时时间十分紧迫，通讯要在当天下午发出，天黑后还要随部队乘胜前进，向盘踞在对面的625.4高地之敌发起攻击。此时我们还不知道停战协定已经在板门店签字，只知道拼命地工作，勇敢地战斗，一切为了胜利。

就在这个时候（下午1时），电话铃响了，我抓起电话，是师政治部打来的，电话中说："朝鲜停战协定已由谈判双方完全达成协议，并于今天上午10点正式签字，金日成元帅和彭德怀司令员向朝鲜人民军和中国人民志愿军发布了停战令：自今天晚上10点起，即停战协定签字后的12小时起，全线停火……"

喜讯传来，我立即向团首长汇报，并向坑道深处高喊："同志们，我们胜利了！从今天晚上10点起，就要停战了！"坑道里马上响起暴风骤雨般的掌声和欢呼声。几十把手电筒一起亮了起来，像几十架探照灯似的，把坑道照得通明通亮。

对于战火硝烟整整弥漫了三年多的朝鲜半岛来说，真正具有历史意义的时刻是7月27日22时。届时，驻守在军事分界线两侧双方军队的步兵、炮兵、坦克部队，在横贯朝鲜中部200多公里长的军事分界线上同时停止射击、轰炸和一切作战行动，海军和空军部队也停止作战行动。

夜幕降临，繁星满天。我和政治处的几个战友，抑制不住内心的兴奋，一股劲登上了昨天晚上我们团从敌人手中攻下的白云山之巅，一览停火时刻的夜景。

我们伫立高峰，向南瞭望。远远近近，零零星星的枪炮声不时传来，仿佛提醒人们战争还未完全走开。我看了看表，在停火时间到达前半小时，竟发生了一场惊人激烈的炮战。开始是敌人重炮的排射，随后是我军炮火的还击，霎时间双方阵地上万炮齐鸣，枪声四起，照明弹、曳光弹五颜六色，照得漫山遍野一片通红，宛如开始了一场大规模的战役。

就像一把利刃将时间猛地切开了似的，在分针刚刚指向 7 月 27 日 22 时整，双方的炮声、枪声一齐停了下来，真是戛然而止。刚才还是战火纷飞的战场，一下子变得万籁俱寂。弥漫在空气中的硝烟与火药味，都慢慢地飘散在夏夜的冷风中了。

本来，在两年多的时间里，我们每个人的耳朵天天都灌满了枪炮声，我们已经听惯了那种"砰砰""嗵嗵""轰轰"的喧闹声，如今却冷不丁地听不到那种声音了，反而怀疑起自己的耳朵来。直到平心静气地侧耳倾听，连蝉鸣虫叫以及附近临津江"哗哗"的流淌声都听得清清楚楚时，我们高兴地跳了起来，大声喊叫着："和平来到了！和平来到了！"

第二次世界大战后全球打得规模最大、战况最激烈残酷、一气打了 3 年零 33 天差点引起第三次世界大战以及核大战的朝鲜战争终于停止了，人类向往的和平终于到来了。

阵阵微风吹散了乌云，从乌云后面钻出来的月亮显得特别亮，特别美。忽然，从我们身后传来了朝鲜乡亲们的长鼓声和唢呐声，以及我军战士高亢的口号声和欢乐而清脆的歌声，同时亮起了一个又一个火把，一串又一串火炬，正义的人们都在为庆祝和平的到来而欢欣雀跃。

当时我想：我们志愿军赴朝参战，为的是抗美援朝，保家卫国。

如今，中朝两国军队经过两年零九个月的浴血奋战，共歼灭敌军一百零九万余人，把以美国为首的"联合国军"及其所指挥的军队，从鸭绿江边一直打退到"三八线"，并将战线稳定在"三八线"附近地区，有效地保卫了朝鲜民主主义人民共和国，保障了中华人民共和国的安全，维护了远东和世界和平，我们的目的达到了，我们胜利了，我们怎能不欢欣鼓舞！

但是，高兴中又有一些遗憾。当时，我方战场组织刚刚就绪，尚未充分利用它给敌人以更大的打击，似乎有些可惜。我们所在的这座白云山，是昨天晚上攻下的，按计划今天晚上将向对面的625.4高地发起攻击。假如停战协定晚签几个小时，我们的红旗就会插上高地的山顶。但为了全世界的和平事业，我方仍然严格遵守了与美方签订的停战协定。

临下山时，我低下头望着这片被战火烧焦、浸透着烈士鲜血的土地，弯腰抓起一把还散发着火药味的泥土，紧紧地握在手里……

国务院机构改革 30 年：那些消逝的部委

文 / 文 心

2013 年，"两会"通过的新一轮大部制改革方案中，一些部门被撤并，其中就包括拥有数百万职工的铁道部。

事实上，自 1982 年以来，国务院已进行过六次机构改革。梳理这几次改革中被撤并的部委，回味其中人物命运的进与退，我们能看到在改革阵痛中不断前进的中国。

最具计划特色的粮食部先被撤

改革开放后的第一次机构精简，粮食部被撤销。粮食部成立于 1952 年。在新中国成立初期，涉及粮食跨省调拨这样的事，粮食部不能单独完成，需要更高层面的协调。1961 年 9 月，周恩来开完庐山中央工作会议后来到南昌，江西省委书记杨尚奎敬酒时，周恩来说："要敬就敬三杯！但我有一个条件，干一杯酒，要增加你们省外调粮食一亿斤，好不好？"

在 20 世纪 80 年代，《人民日报》第二版上，曾刊登出很醒目的文章《发生在卢氏县的一场"官司"》，同时加发了短评，批评地方限制农民收购、加工农副产品。

邓小平看到文章后，发表意见称："要从经济体制上改革，粮食部和全国供销总社可撤掉。"

石油部，撤了还是"高富帅"

1980年8月，邓小平在中央政治局扩大会议上讲话称："机构人浮于事，办事拖拉，不讲效率，不负责任，不讲信用，公文旅行，互相推诿，以致官气十足。"1982年1月，他明确提出："精简机构是一场革命。"

随后，中央和国务院机构改革工作开始进行。国务院所属部委、直属机构和办公机构，由原100个裁到61个，工作人员总编制缩减1/3左右。国务院本身的领导体制也进行了改革，副总理由13人缩减至2人。

1988年，国务院再次改革，撤销煤炭工业部、石油工业部、核工业部，组建能源部。

石油工业部有着光辉的历史，1988年被撤销后，其政府职能转移到新的能源部，生产经营职能则被先后成立的中石化、中海油和中石油取代。

哪个领域发展不好，就把主管部门撤掉

1992年，党的十四大提出经济体制改革的目标是建立社会主义市场经济体制。为了适应这一需要，政府职能转变、政府机构改革再一次进行。

纺织部成为部委改革的一个典范。衣食住行是国之大事，1949年10月，纺织部成立。到了20世纪90年代，纺织业进入一个困难

时期。撤销纺织部后，1997 年 12 月，中央经济工作会议正式确立"以纺织行业为突破口，推进国有企业改革"的方案，其中最为引人注目的是分流 120 万职工。

纺织部最后一任部长吴文英，在纺织部被撤销的 1993 年被"分流"到纺织总会。纺织总会为纺织部撤销后成立的国务院直属事业单位。1998 年，中国纺织总会改组成国家纺织工业局，由国家经济贸易委员会管理。

如今，纺织业成为"中国制造"的一个代名词，中国的衣箱鞋帽已占领全世界，以至于人们把纺织部作为借鉴，总结为：如果哪一个领域发展不好，把主管部门撤销就好了。

"庙拆了，和尚们自立门户了"

1997 年，朱镕基经过两个多月的深入调查研究，提出了改革力度比较大的国务院机构改革方案。当年底，朱镕基找了几十位部长逐个谈话，没有一位部长主动表示自己的部门应该撤。部长们不愿意被撤，朱镕基找到了其他办法，那就是拆庙——和尚赶不走，就拆庙赶和尚。

1998 年 3 月，朱镕基出任国务院总理。那一年的"两会"期间，朱镕基拆掉了九座"庙"——九个专业经济部门一并撤销或降格变成行业协会，包括电力部、煤炭部、机械部、电子部等。

改革后，除国务院办公厅外，国务院组成部门由原有的 40 个减少到 29 个，机关工作人员减少了 50%。

出任新中国首任部长的四位民主人士

文／王 飞

司法部部长史良：

新中国成立初仅有的两位女部长之一

几乎无人不知史良是新中国成立前著名的"七君子事件"中唯一的女君子。史良作为一位享有崇高威望的著名律师，一向敢于仗义执言，同邪恶势力做不屈的斗争。史良曾营救过不少受迫害的共产党人和进步人士，她不仅积极参加抗日救国和民主运动，还特别注重发动妇女的工作。抗战胜利后，她任中国民主同盟参加政治协商会议代表团的顾问，和民盟其他领导人一道，同中国共产党密切合作，为争取民主、反对独裁，争取和平、反对内战而斗争。上海解放前夕，国民党反动派搜查了她的住宅，并密令逮捕她，后因上海解放，她才免遭毒手。

教育部部长马叙伦：

他首倡以《义勇军进行曲》为代国歌

据长期在周恩来身边工作的童小鹏回忆，最早提议用《义勇军进行曲》为代国歌的，是马叙伦先生。

新中国成立前夕，新政协筹委会第六小组曾就国旗、国徽、国歌的确定问题广泛征求各方意见并发出"启事"征稿或邀请专家设计，其中国歌作品征稿虽达六百多件，但难以入选，一时定不下来。此时，马叙伦先生提出建议，主张用《义勇军进行曲》暂代。郭沫若赞成这一提议，黄炎培也表示赞同，并主张不改动田汉所作的旧歌词。1949 年 9 月 25 日，毛泽东、周恩来召开政治协商会议，与会人士一致认为以《义勇军进行曲》作国歌最好，但仍有人要求修改歌词。周恩来认为："要嘛就要用旧歌词，这样才能激发激情，修改了唱起来，就不会有那种感情。"毛泽东也说，我国人民经过艰苦斗争，虽然全国解放了，但还是受帝国主义的包围，不能忘记帝国主义对我国的压迫。我们还要争取中国完全的独立、解放，还要进行艰苦卓绝的斗争，所以还是保持原有歌词好。散会前，毛泽东高兴地站起来，同周恩来和全体与会者一齐合唱《义勇军进行曲》。这首中华人民共和国的国歌，就这样第一次响亮地回荡在中南海上空。

早在"五四"运动前，马叙伦先生就是北京大学的知名教授，他与陈独秀、李大钊等先生有着良好的同事关系和战友情谊，曾因同李大钊一起率北京八大院校、公立中小学教职工和学生反对北洋政府拖欠教育经费，被总统府卫队殴成重伤。李大钊、陈独秀都曾因他的庇护而免遭军警逮捕。马叙伦先生是同盟会会员、近代中国早期革命文学团体"南社"的成员，1945 年发起成立中国民主促进会并任主席，在上海等地从事民主运动。1948 年在香港代表民进应中共邀请进入解放区。1949 年出席中国人民政治协商会议第一届全体会议。中华人民共和国成立后，任中央人民政府委员、政务院文化教育委员会副主任、教育部部长。

马叙伦先生在教育部部长的岗位上，以其作风稳健持重而著称，与中国共产党和衷共济，同心同德，即使在"十年动乱"时期，也矢志不渝。他给后人留下的最后一幅遗墨是："我们只有跟着共产党走，才是在正道上行，才有良好的结果，否则根本上就错了。"

纺织工业部部长蒋光鼐：
两派群众组织共同保护的"当权派"

蒋光鼐，字憬然，广东东莞人，1913 年毕业于保定军官学校，曾任国民革命军第十一军副军长，参加了北伐和中原大战，后任十九路军总指挥、淞沪警备司令。

1932 年日军进犯上海，他率十九路军进行抗战，任最高指挥官。十九路军调福建后，任福建绥靖公署主任。1933 年与李济深、陈铭枢、蔡廷锴等发动反蒋政变，任"中华共和国人民革命政府"财政部长，失败后去香港。1935 年联合十九路军将领，通电反蒋，主张联共抗日。抗日战争胜利后，任国民党第七战区副司令长官。1946 年参与发起组织中国国民党民主促进会。1949 年出席中国人民政治协商会议第一届全体会议。1949 年后，任广东省政府委员、纺织工业部部长，第一、二、三届全国人大代表，第一届全国政协常委，民革第二、三、四届中央常委等职。

新中国成立后，他在担任纺织工业部部长期间，同部党组的同志之间互相支持，彼此尊重，表现了良好的合作共事关系，受到部里各级领导的尊敬和职工的爱戴。他在国务院和部党组的领导下，同几位副部长一道，贯彻执行党中央、国务院有关关心人民生活、解决人民穿衣问题的一系列方针政策，殚精竭虑，做了大量工作。

纺织工业部的职工都知道蒋光鼐先生是抗日名将，对先生在历史上所表现的高度爱国精神非常敬佩；同时又亲眼看到蒋部长拥护中国共产党，为祖国社会主义事业忘我奉献，自然萌发出崇敬的感情。

"文革"初期，纺织工业部的群众在当时大气候的鼓动下，纷纷组成"战斗队"，揪斗"牛鬼蛇神"，但大家谁也不愿去触动蒋部长。后来，北京某中学的红卫兵突然抄了蒋部长的家，并张贴出"勒令"。纺织工业部的领导和职工得知这一情况后十分着急，为此他们定下计策，迅速组织部里的"红卫兵"，也以到蒋部长家里"造反"的名义，把蒋部长"接管"过来加以保护。纺织工业部的领导和对立的两派群众组织，又几次共同签字开具证明，帮助部长家属同有关方面联系，积极查找并领回被抄走的财物。蒋光鼐先生的人格魅力，于此可见一斑。

农业部部长李书城：
中共"一大"就是在他家召开的

1949年10月10日，在政务院举行的第三次会议上，周恩来总理提名李书城为政务院财经委员会委员，并提议任命他为农业部部长。当时李书城先生已年近古稀，开始有些同志不明白为什么要提名他为农业部部长，周总理向大家解释说，李书城是同盟会早期会员之一，辛亥革命后，他在武汉当过黄兴的参谋长，继之又投入了护国战争和护法战争，在旧民主主义革命战争中起过重要作用；我们党的第一次全国代表大会就是在他家召开的，他的弟弟李汉俊过去在我们党内有过贡献；在中国人民的解放事业中，他也做过许多有益的工作。

周总理的关怀和信任，使李书城十分感动，他表示，一定要尽力搞好工作，不辜负党和人民的期望。他接受任命后，就全力投入了恢复和发展我国农业的工作之中。

由于帝国主义的长期掠夺、国民党的腐败统治以及连年不断的战争创伤，新生的共和国所面临的是个千疮百孔的烂摊子，解决这样一个大国的百姓生活问题绝非一桩易事。为了让帝国主义的预言彻底破产，中共中央采取了一系列措施，尽快地恢复和发展工农业生产，解决人民的吃饭穿衣问题。当时作为农业部部长的李书城，被任命为中央救灾委员会副主任，为了实现中央提出的"全国不许饿死一个人"的要求，他协助救灾委员会主任董必武，采取了"生产自救，以工代赈，社会互助，政府救济"等项政策和办法，开展了大规模的救灾工作，从东北的老解放区先后调运了百万吨以上的粮食入关，支持了解放全中国的伟大斗争。李书城刻苦学习党的有关农业问题的方针政策，学习农业知识，他不顾年老体弱，亲自陪同苏联专家到农村考察，搞调查研究，有时头顶烈日，蹲在田间地头，和农民一道研究如何改良土壤，如何合理施肥，如何提高单位面积产量，俨然一位朴实的老农的样子。他在农业部长任期内一直大力提倡奖励爱国丰产活动，积极鼓励农业科学研究，倡导技术革新，并为推进农业机械化半机械化和兴修农田水利做了大量工作。

在党中央和中央人民政府的领导下，经过李书城和他所主持的农业部全体工作人员以及整个农业战线的共同努力，新中国成立仅一年时间，农业形势就有了可喜的转机，农村面貌也有所改观。

　　李书城积极投身土地改革和农业社会主义改造，他教育劝说家乡一些地主、绅士，向农民交出多余的土地，安心生产，老实改造，不要外逃；在如何使农业合作化运动健康发展等问题上，他不仅多次向党中央主管农业工作的邓子恢同志请示汇报工作，还热情坦诚地向党献策进言。他主张合作社的发展应当稳步进行，规模要适应当地情况，还要考虑群众的思想觉悟水平，切不可强迫命令，搞形式主义。他的这些意见，都引起了邓子恢同志的高度重视和赞赏。

中国人是怎样过上双休日的

文／徐 天

联合国周五下午不开会

1979年1月，联合国召开科学技术促进发展会议筹备会，各成员国政府均派代表团参加。国家科学技术委员会（简称国家科委，1998年后改为科技部）政策研究室研究员胡平，作为代表团顾问来到了纽约。

胡平每天马不停蹄地参加会议。但星期五下午，却无会议安排，他觉得非常奇怪。中国常驻联合国代表团工作人员告诉他，联合国实行双休制，周六、周日休息，周五下午一般不安排会议，不提供会场和同声传译服务。

这对于胡平来说，是闻所未闻的。新中国成立后，国家对劳动时间没有明确的法律规定，每周工作六天成为沿袭多年的惯例。

频繁出国参会这几年，他总是十分留心其他国家的工时制度，常假装不经意地向人打探："你们周末打算做什么？"他渐渐发现，五天工作制是时代潮流。

1985年，胡平调任中国科学技术发展研究中心主任。他开始想在中国推动五天工作制，但觉得自己人微言轻。

1986 年初，在参加国家科委委务会的时候，他私下向时任国家科委主任宋健提出，中心想做一个课题，研究在中国缩短工时的可能性。

宋健问他："这样做有何好处？"胡平答道："好处可多了！可以提高工作效率，节约资源和能源，让大家有更多自由支配时间加强学习、操持家务等。"最后宋健表态，支持他们搞这个研究课题。

80% 选择多一天休息

1986 年 5 月，"缩短工时课题组"成立。

经过调查，课题组得出的数据显示，中国大部分单位的有效工时只占制度工时的 40% 到 60%。也就是说，一周六天 48 小时，有效工作时间不到 30 小时。

课题组针对不同对象设计了多种调查问卷，但都有一个共同的问题：在"增加一天工资"和"不增加工资，但增加一天休息"中，你选择哪一个？

在当时的经济状况下，课题组认为多数人肯定会选择"增加一天工资"，但结果 80% 以上的人选择了"增加一天休息"。

1988 年，课题结项。胡平将报告交给了宋健。但等了几周，一直没有得到答复，这件事慢慢也就沉静下来。

步子不要迈得太大

1992 年年初，邓小平南行，发表南方谈话。

这年上半年，劳动部职业安全卫生监察局（简称职安局）职业卫生监察处接到了局领导布置的任务，要求他们马上启动一项调查研究，对缩短工时的可行性和实施方案拿出具体意见，供局、部领导审议，再报国务院决策。"好像是中央主要领导有此想法和意图。"当时在该处任副处长的陈百年说。

劳动部商请外交部支持，最终收集到了136个国家的工时情况，从中可以看出，世界主要国家实行的都是一周40小时的工时制。在此基础上，职安局按照"缩减一天工时"和"缩减半天工时"两种方案，充分听取各方面的意见后，逐渐形成了共识：一步到位，直接由六天工作制缩减为五天工作制。

劳动部认为，一下子从48小时减为40小时，步子迈得太大，不适合当时的经济和生产状况，明确要求按44小时的方案往下进行工作。但这对需要连续化生产的一些特殊行业来说，半天的工时太难安排。

是否可以安排为隔周五天？步子既不大，也能满足平均每周44小时的要求。这个变通方案得到了各方面一致赞同。最终，劳动部按照这一方案正式上报国务院。

1994年2月3日，时任国务院总理李鹏签发了第146号国务院令，规定：国家实施职工每日工作8小时、平均每周工作44小时的工时制度。自3月1日起实施，当月第一周星期六和星期日为休息日，第二周星期日为休息日，依次循环。

缓解工人下岗问题

一周44小时工作制实施之后，劳动部进行了跟踪调查。调查的结果是，机关、事业单位落实得最好，最苦最累的一线生产岗位落实情况最差。陈百年所在的部门常接到职工的电话，反映本单位不落实新工时制度，"有意见领导就威胁下岗"。

新工时制的实施，正逢国企改革的逐渐展开。1994 年，下岗工人人群日益增大。

1995 年年初时，职安局新任局长闪淳昌传达了部长的指示，要求他们制定进一步缩短工时的方案。

"部领导的指示，是根据国务院领导的意思做出的，即如果将每周 44 小时工时进一步缩短到 40 小时，可以增加就业岗位，缓解部分工人下岗的问题。"陈百年回忆。

进一步缩短工时的关键，在于维护好生产一线职工的权益，解决特殊岗位职工的问题。"反对意见恰恰来自最需要劳逸结合的行业。"陈百年感叹。如建筑业工人多是农民工，出来打工就是想多赚钱，休息就是浪费时间。在闪淳昌的主持下，针对特殊行业，制定了集中工作、集中休息的"综合计算工时工作制"。

劳动部将缩短工时的报告再次上呈国务院，获得批准。1995 年 3 月 25 日，李鹏签发了国务院令，宣布自当年 5 月 1 日起，全国实行 5 天工作制。

开国功臣的"忘年恋"

文/茗 仁

相差23岁：刘少奇与王光美

因几个"黑不溜秋"的梨子动了感情

刘少奇于1898年11月24日生于湖南省宁乡县。王光美1921年出生在北京。1946年11月1日，王光美到达延安，被分配在朱德、杨尚昆领导下的中央军委外事组工作。在这里，她与刘少奇第一次见面，而她对其擦出爱情的"火花"是在1947年3月5日，担任朱德秘书的黄华通知王光美去刘少奇那里谈话。

从王家坪到枣园相隔十几里，黄华给王光美备了匹老马。老马沿着延河把王光美送到了中共中央书记处办公地。刘少奇为了款待这位北平来的女学生，特意从抽屉里拿出几个"黑不溜秋"的梨子。"怎么中央领导吃的就是这样的梨？"这是初到延安的城市进步女青年心中的疑问。多年之后，王光美说就因为这几个梨，让她"觉得很难受，有点动感情"。

1948年4月中旬，毛泽东、刘少奇、朱德、周恩来、任弼时五位书记在西柏坡会齐。刘少奇在这里对王光美坦露心迹。1948年8

月 21 日，王光美和刘少奇正式结婚，此后无论逆境顺境，她与丈夫荣辱与共，不离不弃。

相差 21 岁：陈毅与张茜

一首情诗动芳心

陈毅 1901 年 8 月 26 日出生于四川乐至县。张茜 1922 年生于湖北武汉。陈毅早年赴法勤工俭学，走南闯北。其间，他并非完全没有谈情说爱的机缘和对爱情的向往，只是因为险恶的环境使他在投身革命时不得不作出牺牲。同时，他在选择终身伴侣时的审慎态度也是一个极为重要的原因。

1938 年春，张茜响应正在武汉的周恩来和邓颖超的号召，参加新四军，在军部战地服务团工作，是演出队和歌咏组的成员。陈毅任第一支队司令员，经常到军部开会并观看她们的演出。

相貌端庄的张茜以高超的演技和对革命的热忱赢得了陈毅的好感，而陈毅作为新四军中文武双全的儒将，也深为张茜所钦敬和仰慕。就这样，他们开始了书信往来，陈毅苦心构思了一首《赞春兰》的诗送给了张茜（那时张茜名字叫春兰）。

诗中写道："小箭含胎初生岗，似是欲绽蕊吐黄。娇艳高雅世难受，万紫千红妒幽香。"张茜从这首诗中领悟到了陈毅的深情，从此两人确定了恋爱关系。1940 年夏，他们喜结连理。

相差 25 岁：刘伯承与汪荣华

蝇头小楷表心意

刘伯承 1892 年出生于四川开县（今属重庆市）张家坝，1911

年从戎。汪荣华 1917 年 2 月 4 日出生于安徽省六安市郝家集，14 岁时毅然报名参加了红军。

1935 年 6 月中旬，红一、四方面军在懋功胜利会师。刘伯承与汪荣华就是在会师中相识的。不久，汪荣华调到了总参谋部四局工作，与刘伯承在一起的机会多了。这段时间，他们加深了相互之间的了解。

一天晚上，部队宿营后，刘伯承处理完公事，工工整整写起蝇头小楷的"求爱信"来。他一连写了好几页，叠起来装在信封里，让通讯员交给汪荣华。汪荣华看过信后，又是激动，又是害羞，更有顾虑：自己是一个普通农家的女儿，只读过一年私塾、两年洋学堂。参加红军后，经过实际工作和斗争的锻炼，虽然有所提高，但比起刘伯承来，不论资历和学识都相差很远，和他结成伴侣合适吗？

因此，他俩第一次相约在河边散步时，她把心里话掏了出来。刘伯承听后，爽朗地笑了，说："这有啥子关系嘛！我家也是贫穷农民，祖父还当过吹鼓手。只要我们有共同理想，志同道合，就能结成革命伴侣，永远战斗在一起，白头到老！至于文化知识水平低一点，可以学习嘛。你自己努力，我尽力帮助你。"听了这样推心置腹的话，汪荣华心头的疑虑顿时烟消云散。1936 年，刘伯承与汪荣华喜结良缘，并相伴终身。

相差 25 岁：朱德与康克清

"你不反对，就是同意"

朱德是四川仪陇人，1886 年 12 月 1 日出生于一个佃农家庭。康克清 1911 年 9 月 7 日出生在江西省万安县罗塘湾的一个贫苦渔家。

1928 年夏天，康克清和她的叔叔一起随万安游击队上井冈山投奔红军。在部队休整期间，妇女组的组长曾志找康克清谈话，要把她介绍给朱德，但康克清最初觉得她和朱德不管是年龄、文化水平，还是地位，差距都太大。

让康克清没想到的是，一天下午，朱德亲自来找她，和蔼地对她说："我们现在都是革命同志，不论军长还是战士，都是一样。我们干革命反封建，有话就直说。我很喜欢你，觉得你好学上进，工作大胆泼辣，有许多优点，是很有前途的同志。虽说我们彼此有些差距，但这不会妨碍我们。结了婚，我会帮助你，你也可以给我许多帮助。我们会成为很好的革命伴侣，你能答应我吗？"事情发展得太快了，年轻的康克清不知如何是好。

第二天，曾志又来找她，硬拉着她来到朱德的房间里。朱德让康克清坐在藤椅上，自己也在床沿坐下，慢慢讲起了自己的家庭和经历。康克清被朱德的话吸引住了。朱德了解年轻姑娘的心思，轻声说："看来你是不好意思回答我。能不能这样，只要你不表示反对，就是同意，可以吗？"康克清把头扭向一边，不说话。过了一会儿，朱德又重复了一遍。康克清脸上泛起红晕，耳根热乎乎的。许久，她终于还是没有说话。朱德见状，脸上漾起幸福的笑容："这么说，你是同意啦？"一桩美满的姻缘就这样定了下来。

房产税：中国古代已有之

文／翁礼华

中国早从周朝开始就已经征收"房产税"，古籍《礼记·王制》中就有"廛（chán），市物邸舍，税其舍而不税物"的记载。

西汉时期房产税还没有成为一个独立的税种，房屋与家庭其他财产一起合并作为计税对象，税率为6%。汉武帝为了鼓励老百姓对偷逃税者进行告发和举报，规定查实后举报者能获取偷税者二分之一财产。当时汉武帝开征这一税种的目的是解决国家战时的财政困难和缩小贫富差距。

唐代德宗建中四年（783年），房产税开始作为一个独立税种出现，称为"间架税"，其称呼源于"每屋两架为间"。当时，间架税的课税对象是长安城内居民住房。其征收标准：上等房屋交铜钱2000，中等1000，下等500。由于市民强烈反对，执行不到一年便被迫取消。

五代十国的后晋、后周以及宋代都开征过房产税，其名称为屋税。南宋朝廷为筹集军饷，每年分上半年和下半年两期向城乡居民征收屋税。

元代的房产税称为"产钱"，按房产地基面积计征收粮食或折钱缴纳。

清代房产税纷繁复杂且名称多变，江南地区叫"廊钞"或者"棚租"，北京叫"檩输税"。直至乾隆年间，才逐渐废止。

近现代房产税

鸦片战争以后，列强在中国建立租界。为解决主管治安的巡捕房经费，租界征收称为"房捐"的房产税。太平天国也征过房捐，在浙江嘉兴每日每间征税三文，江苏常熟每日每间为七文。

清光绪二十四年（1898年），清政府曾照搬租界办法征房产税，"凡租赁房屋，按其每月租金课税10%，房东、房客各负担一半。其居住自有房屋者，比照近邻出租房屋的租金课税10%"。结果，还未开征就停止了。直到1901年才重新试办并付诸实施，但是各地执行不一。

1912年民国建立后，北洋政府仍沿用旧制征收房产税，但名称各异，有的叫"市政总捐"，有的叫"特捐"，有的叫"警捐"，有的叫"店铺捐"。

直到1915年，房产税才统一称为"房税"。其征收标准：商业用房按每月实缴租赁价的20%征收，居民住房按每月实缴租赁价的5%征收。

当代房产税

1949年中华人民共和国成立后，继续征收房地产税，在"文革"期间，各省先后停征，其中浙江省是全国较早停征的省份。

改革开放后，国家开始对企业房地产和居民出租房征收房产税，以便抑制房地产投机，2011年1月28日，在上海和重庆两个试点城市对居民拥有的房地产征收房产税。

国外的房产税

世界上很多国家都征收房产税，并且是地方财政收入的主体税种。20世纪90年代，发达国家财产税占地方政府税收收入的平均比例为35%，其中美国财产税收入三分之二以上来自于房地产税。

在税制设置上，世界各国大多采用"宽税基，低税率"的原则，如意大利规定房产税税率为0.4%~0.7%，在这一幅度内，由各地自行选择。首都罗马市规定：拥有两套及以上住房者，自住房税率为0.49%；出租房税率为0.55%；闲置住房税率为0.7%。对自住房，除了适用较低税率外，还可以享受20万里拉的减免。开发商竣工而未售出的房子，也要征税，在三年内可以按最低税率0.4%征收。意大利实行差别税率，主要是调节住房，提高住房使用效率，抑制空闲住房。

在美国，由于房产税主要用于地方居民福利和教育，联邦政府和州政府都不征收房产税，房产税的收税主体是基层的郡政府、市政府和学区，比例为：郡税占七分之一，市税占七分之一，学区税占七分之五。美国大部分地区房产税征收税率为0.8%~3%，平均税率在1.5%左右。

现今，为了抑制房地产投机，许多国家运用税收手段对房屋买卖加以调控，如德国要征收三种税：一是1.5%的不动产税，二是3.5%的交易税（相当于中国的营业税），三是15%的差价盈利税（即中国的20%的所得税）。

读者
出版传媒

老年博览
2013年度精选

人间真情
花甲之年懂爱情

欠爹的一场电影

文／阎连科

1982 年冬，父亲的病愈发严重，那时我已经是个有四年服役期的老兵，是师图书室的管理员。家里窘到极处时，父母想到了我，想到了部队的医院。于是，我请假回家去接父亲。

不消说，父亲是抱着治愈的期望来住院的。在最初的半个月，因为医院比较暖和，他的精神也好，病似乎轻了。那半个月的时光，是我这一生回忆起来最感安慰、最感温馨的短暂而美好的日子。因为那是我这辈子唯一一次孝敬父亲于床头的两周。每天，我顶着北风，走四五里路去给父亲送饭，一路上都哼着戏词或歌曲。

一次，我去送晚饭时，父亲母亲不在病房。我在露天电影场找到他们时，他俩正在寒风中聚精会神地看着电影。我的心里便漫溢过许多欢乐和幸福，以为父亲的病果然轻了，慌忙给哥姐们挂了长途电话，把这一喜讯通告他们。父亲也以为他的病有望痊愈，看完电影回来之后，他激动而又兴奋，说他多少年没有看过电影了，没想到在冬天的野外看了一场电影。

然而，三天后下了一场大雪，天气酷寒剧增，父亲不吃药、不打针就不能呼吸，而打针、输液后，呼吸更加困难，终于到了离不

开氧气的地步。于是医生就催我们父子尽快出院，害怕父亲在病床
上停止呼吸。父亲也说："不抓紧回家，怕老（死）在外边。"这就
结束了我一生中不足一个月的床头尽孝的日子。

回到家，农村正流行用16毫米的电影机到各家放电影的习俗，
每放一场十元钱。电影是当年热遍天下的《少林寺》。我们一家都主
张把电影请到家里，让父亲躺在床上看一场真人能飞檐走壁的《少
林寺》。看得出来，父亲也渴望这样。可把放映员请到家里时，母亲
又说："算了吧，有这十块钱，也能让你父亲维持着多活一天。"我
们兄弟姐妹面面相觑，只好目送着那个放映员走出我家大门。这件
事情，成为我对父亲懊悔不迭的失孝之一。每每想起，我的心里都
有几分疼痛。

给父亲送葬的时候，大姐、二姐都痛哭着说，父亲在世时，没
能让他看上一场（仅一场）他想看的电影。我看见哥哥听了这话，
本已止泪的脸上，变得惨白而又扭曲，泪像雨水一样流下来。于是，
我就知道，这件事情在我哥哥和大姐、二姐心里，留下懊悔的阴影
也许比我的更为浓郁……

现在，可以清算一下我所欠父亲的债务了，可以由我对自己实
行一次良心的清洗和清理了。

先说一下，我没有花那十元钱让父亲看一场他想看的电影《少
林寺》。当时，我身上是一定有钱的，记得回到豫东军营以后，身上
还有17元钱。就是说我完全有能力挤出十元钱，包一场电影，让父
亲生前目睹一下他一生都津津乐道的"飞檐走壁"的那种神话和
传说。

为什么没有舍得花那十元钱呢？当然是小气、节俭和当时的拮

据所致。可是，更重要的是些什么呢？是不是从小就没有养成那种对父亲的体贴和孝敬？是不是在三岁，五岁，或者十几岁时，父亲倘若从山上或田里收工回来，给我捎一把他自己舍不得吃的红枣，或别的什么野果，我都会蹲在某个角落，独吞下肚，而不知道让父亲也吃上一颗、两颗呢？

我想是的。至今我都认为，一个人可以对他人在任何方面缩手退步，而绝不能在自己的父母面前退步缩手。

祖母的留言牌

文／徐立新

抗战结束和叔叔失踪的消息是同时到达祖母的耳朵里的，但祖母就是不相信她的小儿子小宝战死或者走失了，她坚信，叔叔一定会回来。

为此，每天到了全家人坐在一起吃饭的时刻，祖母都要在饭桌上多放上一碗米饭，冬天吃到中途时，还要将那碗饭拿到灶上回温一次，好不让它太凉了。那时我还很小，觉得祖母每天这样做太烦，于是一天便问祖母："奶奶，这一碗饭是给谁吃的呢?""你小叔呀!"祖母温柔地摸摸我的头，语气坚定。

"可是，小叔已经不回来很久了呀，他是吃不到这碗饭的。"我不识趣地追问道。

"会吃到的，你想呀，如果有一天你小叔在我们吃饭的时候突然回来了。到时，他若是看到桌子上没有他的饭，或是给他的只是一碗冷饭，他该多伤心呀——他会觉得我们一家人已经把他给忘记了!"祖母如是说。

在家里，小叔有一个属于他自己的房间，祖母每次打扫家里的卫生时，都不会落下它，床单和被子都定期洗晒，而且她从不允许任何人往那个房间里堆放东西。即便是家里来了客人要留宿一晚，祖母也绝不让他们睡在小叔的床上，祖母说："要是哪天晚上你小叔回来发现没地方睡，那他该多伤心呀！"

日子一天天一年年地过去了，祖母也随同日子一起，早晚都盼着某一时刻小叔能突然出现在她的面前。可是，没有。

时间很快走到20世纪90年代，我所在的农村实行城镇化改造，当其他村民都陆续搬走时，祖母却死活不同意搬，她担心小叔回来时找不到老家。

最后，在搬迁办同志的反复劝说下，并同意她所提出的条件后，祖母终于同意搬了。祖母开出的条件是，在我们家老宅的地基上竖起一块高高的牌子，上面写着："小宝，我们搬家了，回来时请拨打新家的电话×××，妈妈留。"

1998年10月的一天，一个从台湾基隆来的、满身都是沧桑的游子出现在我们新家的门口。他说自己的小名叫小宝，是祖母六十多年前生下的、已有四十年没见到过亲娘的一个孩子。

小叔说，当他找到老家，看到了那块高高竖起的牌子时，便知道祖母还在挂念着他这个不孝之子。可遗憾的是，祖母已经看不到小叔的这身装扮了，她已在几年前去世了。小叔不知道的是，祖母在临终前，曾反复交代我，一定要记得定期去老宅那儿看看，别让风把那块召唤小叔回家的牌子给吹倒了，也别让风雪侵蚀了牌子上的字和电话号码……因为那是指引回家的路牌。

"电梯爷爷"的纯手工爱情

文／真水无香

　　初相识时，她是女孩们都羡慕的白衣天使，而他只是机械厂的一名维修工。

　　第一次见面，她走进他们厂里，看到的是满墙贴着打倒他的大字报，但两人还是谈起了恋爱，她说她看到了他的踏实肯干、勤奋努力。

　　八个月后，她背着个柳条箱子，里面放着她的衣物，从老家山东临沭坐公共汽车来到他的住处临沂。两人把各自的被褥放到一起，简单吃了一顿饭，就算结了婚。她说："只要两人相爱，就是最大的幸福！"

　　时光流转，一晃到了2000年。他和她都退了休，儿女们都有了自己的小家，老两口没有了任何负担，重新回到了甜蜜的二人世界。结婚第32年，她患了脑中风。在他的悉心照料下，出院后，虽然偏瘫，但可以自己走动。他在楼道楼梯的右侧给她自制了多个扶手，还细心地在上面绑了层布，自己在下面帮着她抬脚，每天上上下下锻炼身体。夜里，她想上厕所，只要轻轻碰碰他，他就会马上醒来，抱起体重170斤的她。

偏偏不幸接踵而来，2008年的一天，上楼梯时她因体力不支猛地坐在了台阶上，这一坐就再也没站起来。

他一人已经无法带她出门，天天闷在家里。天性爱热闹的她情绪不好，饭也吃得很少，有时哭得像泪人一样，甚至还要自杀。他看在眼里，急在心里。有一天，她拉着他的手说："我以后再也下不去了，谁陪你出去逛逛啊？"他抱着她，泪水滚滚，发誓说："你相信我，我一定会让你再下去的！"

有一天，他看到附近一个工地正在施工，高高的塔吊把一小车水泥轻松地运到了楼上。他突发奇想，为什么不造一个类似电梯的东西，把老伴从楼上运下来呢？说干就干，凭借当年修理汽车的经验，他先是画草图，然后一次次地修改。为了节约成本，他跑遍了全城的五金商店；为了尽快掌握焊接技术，他被电焊火光打了无数次眼睛，手被烫了无数的疤；为了检验电梯的牢固性，他把一千多斤的重物背上背下，直到电梯每次上下都牢固稳定。

功夫不负有心人，数月后，一部凝聚了他心血的电梯终于大功告成。他给电梯刷了漆，挂上了鲜红的中国结。她洗了头，穿上新衣服、新鞋，转着轮椅来到电梯口。在按动开关，电梯缓慢而平稳下移的那一刻，她的眼泪夺眶而出，这离她上次出门已整整过去了半年！

他叫王忠玉，是山东临沂市的一名普通退休工人，被网友称为"电梯爷爷"。老伴叫卓宝兰，她说："我找了一个好老头子，今生一块走，下辈子还在一块走。"他笑得憨憨的，并说："我就是她的腿，会推着轮椅去她要想去的地方。"

八吊钱，一世情

文／姜钦峰

　　李宣倜，清末时毕业于日本士官学校，回国后任三品御前侍卫，人称"三爷"。梅兰芳出身贫寒，幼年丧父，跟随祖母生活。他自幼入科班学艺，10岁登台演出，便崭露头角。李宣倜对梅兰芳极为赏识，帮他修改过不少唱词，还接济过梅家，两个人由此结下了一世情缘。

　　梅兰芳15岁那年，不幸染上了白喉病，仍每日带病坚持演出。当时的医疗水平可想而知，若治疗不及时，白喉病就会危及生命。李宣倜得知情况后，不由得心急如焚，马上跑去梅家，找到梅兰芳的祖母，当面质问道："小孩都病得这么重了，干吗还让他登台演出，这不是要孩子的命吗？"祖母顿时泪下，叹息道："三爷，您有所不知，我们全家都靠这孩子每天唱戏赚八吊钱来养活。他一天不唱，一家人就揭不开锅，我也是迫不得已啊！"李宣倜当即吩咐："那好，从明天起，你每天派人到我家去取八吊钱来，马上送孩子去治病，治好了为止。"

　　对于贫病交加的梅家，这无异于雪中送炭，梅兰芳的祖母大为感激，果然每天到李家去取八吊钱。全家的生活来源有了保障，梅兰芳就不必再去演出，每天待在家里安心养病。40天后，梅兰芳的病痊愈，重新登台。李宣倜接济梅家，完全是出于爱才心切，以他当时的显赫地位，自然没把这三百多吊钱放在心上，但梅兰芳却对此恩终生不忘！

岁月沉浮，人生的际遇总是很难捉摸，更何况是在乱世之中。两个人在晚清时结识，经历了清朝覆灭、民国建立，后来抗日战争爆发，梅兰芳蓄须明志，拒绝与日本人合作，李宣倜却在汪伪"南京国民政府"任职。抗战胜利后，当梅兰芳名满天下时，李宣倜已沦为"汉奸"，妻离子散，穷困潦倒。他蜗居在上海的一间小公寓里，无依无靠，晚景凄凉。富贵时的朋友早已消散，别人对他唯恐避之不及，但梅兰芳从不避嫌，不光每月资助他200元生活费，还经常派上海的弟子去陪他聊天解闷。梅兰芳每次到上海演出时，必先把李宣倜接来吃饭，依然毕恭毕敬，喊一声"三爷"。滴水之恩，当涌泉相报。

1961年，李宣倜病重，弥留之际，梅兰芳侍奉床前，紧握住他干枯的双手，动情地说道："三爷，您放心，身后之事，我一人承担。"老人闻言，潸然泪下，不久安然辞世。他生前是"汉奸"，几乎没有朋友，身边也没有亲人，全部后事均由梅兰芳亲力亲为，操办妥当。两个月后，梅兰芳也溘然长逝。

后来，篆刻大师陈巨来在回忆录中提起此事，大发感慨："苟梅先死二月，则李尸臭矣！"陈巨来和梅兰芳、李宣倜是同时代的人，与两位当事人都有过交往，算是这段往事的见证人。他的话也许过于直白，却更让人对这段情义升起敬重。斯人已逝，情义永存！

两个人的情分，因赏识而起，以报恩而终，有始有终，很像戏文里的故事，颇有些人生如戏的味道。李宣倜当年给梅家每天支付八吊钱时，断不会想到日后之事，而梅兰芳始终谨记在心，用一生来回报。民国是大师辈出的时代，为何独有"梅党"，而不见"张党""李党"？由此可见梅兰芳的魅力所在。他留给世人的，不只是灿烂夺目的艺术，还有熠熠生辉的品格。

那三个台湾老人

文／吴念真

卖面茶的老人

在一次出外景的工作中，遇到一位卖面茶的阿伯。

也许因为太久没看见这种生意吧，那种"遇见记忆"的意外惊喜，让我当下就直接跟那位阿伯说，我们想请他当我们节目的男主角。面茶阿伯原本有一点害羞，不过经不起我们的死缠烂打只好答应了。问阿伯住在哪里，阿伯说他不识字，也从来不记地址，他告诉我们他住在"台北市太原路双连市场那边，一个变电所旁边的一条巷子里面……"反正是一个非常特别的地址。

阿伯住的老房子让人印象深刻。这栋老房子里一共住了二十几户人家，都是从外地来台北讨生活的分租户。当中除了阿伯之外，还有一位82岁的阿公也在卖面茶。

阿公说，在台北卖面茶的人大部分都是宜兰人，因为宜兰人最能吃苦。我不知道是不是真的，不过，82岁的阿公拉起车来还真是健步如飞。

卖面茶靠的是耐力，还有功力。耐力是要走很远的路，功力则是冲泡面茶的技巧。当初看到阿伯的时候，就对他那一手冲面茶的功夫感到瞠目结舌。阿伯自己也很自豪地说，冲面茶就是要稳、要准、要狠。"稳"指的是水壶要提稳，一定要倒到茶碗里面，而且不能烫到手。"狠"就是要将开水狠狠地冲下去，这样面茶才会起泡、才会香。

阿伯说得头头是道，当我们拍摄的时候，阿伯十分臭屁地将水壶提得老高，不小心冲到手，还硬撑出一脸得意的笑，倒是把路边买面茶的小姐吓了一大跳。

傍晚，阿伯把自己带来的便当温热一下，就在路边解决晚饭。而阿公因为年纪大了比较容易累吧，会提早回家吃晚饭，有时候吃过饭晚上会再出门做生意。

阿公说，82岁了，真的是老了！有时候比较容易累，特别在寒冷的冬天，倍感吃力。而且最近常常想家，想家里的老牵手和小孙子。有时候做个两三天，就回去宜兰住个四五天再回来做生意。阿公说，其实并不是不卖面茶日子就不能过，只是闲不下来而已。不过，既然时候到了，干脆退休回乡下享享清福吧！

我们跟阿公商量，退休之后，那只水壶可不可以卖给我们当古董？阿公开心地说："已经太晚了，因为已经被别人订走了，而且连车子都一起订了。对方开价一万多块，是当初买来的好几倍！"

"而且，买去的人不是要当古董，而是要继续卖面茶呢！"这似乎是阿公最开心的部分。

听见阿公这么说，我们心里似乎感到安慰了一些。至少，在未来的几年，在这个城市最深的夜里，我们仍然能听见那熟悉而温暖的呼唤。

呼唤记忆的米香老人

今天是 1996 年的倒数第四天。大清早，住在北投的"胖胖婴食品有限公司"董事长方先生正在准备材料还有工具，准备赶赴葫芦墩市场的早场。

台湾的传统市场随着生活方式的改变，像电影院一样可以分成好多个场次。像特早场是专卖给早起运动者或者已经运动回来的阿公阿嬷。当然，除此之外还有早场、午场，以及黄昏市场。

方先生做的是爆米香的生意，如果没有方董事长大大爆它一声，葫芦墩市场今天的早场根本不算正式开始。方先生二十多年的生意做下来，几乎天天都要爆也要弹，早就有了固定的炮阵地。

方先生方太太上路了，就像二十多年来的每一天，他们准备开炮去了。

原本爆米香的生意只有方先生一个人在做，方太太只是帮忙卖。十几年前有一天，方先生感冒人不舒服，那个时候爆米香还是得用人力搅拌，方先生一边搅拌一边发抖，方太太就说让她来做吧，方先生想说她一定不会，结果方太太一试，她也会。原来方太太"看都看到会"了！

爆米香对现在许多人来说不仅是一种食品，更重要的是一种记忆。看到米香我就会想起小学时代过儿童节，镇公所送的礼物就是米香一包，用红色的纸印着"儿童节快乐"。我往往舍不得吃，拿回家去和还没有上学的弟弟妹妹共享。

而且，我一直觉得米香吃起来的感觉也像记忆，甜甜的，松松软软的，每一个细节都是膨胀过的。是米，可是却填不饱肚皮；像记忆，虽然的确曾经发生，但再也无法实实在在地重新接触一次。

方先生回忆，生意最好的时候，一天都要爆一百多爆。"以前啦，我曾经爆米香爆到凌晨四点，客人还一直拿米来，我就跟他们拜托说不要，人又不是铁打的，爆到十二点的时候，手上爆，嘴巴也爆。"

摊子前面不知道什么时候来了一位日本太太，没想到是方先生的老顾客。她和我们一样，也在等待开炮，等待方先生一炮打出好滋味。除了日本太太，还有人专程跑来买，准备寄给海外的朋友吃。我们笑方先生说，现在做的是国际贸易喔！没想到他可是当仁不让地当场臭屁起来。方先生曾经远征非洲加纳教当地黑人做爆米香。再来，更应农林部门的邀请上"强棒出击"节目，推广米食文化。这样多彩多姿的人生经历，方先生还是说，没什么，做爆米香图个温饱而已。

饱别人瘦自己的老人

当我们第一眼看到阿婆的自助餐厅时，还以为自己找错了地方呢！以为自己走入了一个工地的厨房，一个受雇的大婶正准备免费的午餐，等待忙了一个早上的工人，让他们填饱肚子。话说回来，这样的印象跟事实其实相去不远。经营这家没有招牌的自助餐厅的阿婆——庄朱玉女士，唯一的经营哲学就是让你吃到饱！

今年76岁的她，从早期的一碗饭、一道菜，几毛钱吃到饱到现在，无论饭菜，一律一份五块钱。再笨的人一看也知道是稳赔不赚。可是阿婆就这样完全违背商业原则地经营了四十八年。半卖半送，卖愈多，赔愈多，阿婆却无怨无悔，唯一的理由是做工的人，其他地方吃不起，不吃又会饿死，就这么简单！

别人是卖田养儿子，她是卖房子养别人的儿子，难怪自己的儿子一直喊停。问题是阿婆还是怕有人会饿死，所以念就让别人去念吧！还是自己煮自己的。到现在她仍然每天一早就到这间根本不像店的店里略作准备之后，推着车子去菜市场备办菜色。买菜车是孙子用过、退休的婴儿车；脚上穿的是家里没人穿，闲在那边的粉红色雨鞋。然后又开始另外的一天。

这是注定赔钱的生意。但是不要看阿婆对自己随便、对食客大方，买菜则是精挑细选，斤斤计较，但是卖菜的小贩都知道阿婆做的是赔本生意，因此在价钱跟斤两上通常也是共襄盛举，甚至有时候也让阿婆赊赊欠欠。他们说："和阿婆一起做功德啦！"卖菜的人还告诉我们说："前一阵子阿婆因为左眼白内障开刀，休息了一阵子，最近才又开始卖！那阵子每到中午，就有一堆人在她的餐厅附近不死心地徘徊张望。"他说，阿婆没卖，也没听说有人饿死，就是阿婆自己担心。阿婆说："我这辈子赚的都没有了！七栋房子都卖完了……人出世也就是要做事的，别人养我们，我们养别人……""人家养我们，我们养人家"，文化一点的讲法应该是"人人为我，我为人人"吧？但是大家都懂，问题是，谁做到了？谁像没念什么书的阿婆一样，做得如此理所当然？

四十几年来，阿婆瘦了自己，饱了一大堆人，问阿婆赚到什么？她说："赚个心安的！"这一天下来，反而觉得是自己赚得最多，至少赚到了"相信"两个字。终于相信是有人这样在对待别人的——一个远在高雄盐埕埔，没有念过什么书，也不太认识字的老人。

父亲那么老了，我还那么小

文／周海婴

我在北大上学的时候，有一次看同学打桥牌，他们在那儿争论，我就说了我所理解的桥牌规则，同学表示接受，然后我就走了。但是，不几天就传出"鲁迅的儿子不好好学习，在学校打桥牌"的消息。学校领导找到我，说："海婴，你是团员，你要做表率，你又是谁谁的儿子，可不能打桥牌。"

父亲去世时，我才7岁零1个月。我的记忆里，父亲是什么样子呢？

是父亲的老——父亲那么老了，我还这么小。那时候，父亲的眼睛已经有点花了，抽烟时怕烧了手，就用烟斗。我每天早上去幼儿园的时候，手里拎着鞋，从楼梯上慢慢下来，走到父亲床前，先观察一下他是醒着还是睡着，然后就拿起他旁边放的烟，把他的烟斗装好。这是我每天的第一件大事。后来我才知道，每逢此时，父亲不管是睡着了，还是没睡着，都是假装睡着的，好让我尽孝心。放学回来，父亲就半笑不笑地看着我，说："我今天抽了你装的烟。"我一下子就高兴了。

邻居家有一个留声机，我也想要一个。但我不敢向父亲要。妈妈和父亲商量了，跟我约法三章，就是只能在晚饭后放。父亲就托内山书店的老板内山完造去买。第一次买回来的留声机是一个手提式的，很小，我说不要。下次又搬来一个，还是不如邻居家的高大，但是我觉得不能够再提出过分的要求了，我说："好。"就把留声机留下了。

父亲的遗嘱，其中一条是写给我的，他说："孩子长大，倘无才能，可寻点小事情过活，万不可去做空头文学家或美术家。"

在我小的时候，父母亲对我没有太高的要求，妈妈要求我不学坏就好了。

我喜欢无线电，不仅瞿秋白先生送我的苏联进口玩具由着我拆来装去，丢失了不少零件，就连家里的留声机、缝纫机也被我一一拆遍了。我做这些是我喜欢的，父亲也觉得这是我的兴趣。他从来没问过："你在学校排第几名？"他知道我尽力就是了。不过，我小学一二年级的时候，都是第一名。

有人问我："父亲夸过你没有？"我觉得父子之间没有必要。他觉得自然状态就好。比如，我在这个学校是第一名，也可能到了那个学校就不是第一名了，他觉得小孩就应该自然发展。

他打过我。有一次，大概是我不听话吧，具体的我已经不记得了，但是挨打的效果是记得的，因为他打我的时候非常响，可是不疼。他问我："你还听话不听话？"我说："听话。"于是就和解了。然后我问他："你拿什么东西打我的？"父亲马上递给我，说："你看吧。"那是一张报纸卷起来的一个长条，打得很响，却不疼。

我的母亲跟我说过，每个人读鲁迅，随着年龄的增长，随着视野的扩展，他的理解就会不同。毛泽东晚年时期也常读《鲁迅全集》，有的时候，读着，哭着，为什么？或许是哪一些文字、哪一个段落触动了他的心吧。

我已经七十多岁了。七十多年来，我生活中的每一天都是与我的父亲联系在一起的。但是如果要让我比较完整地记下自己一生的经历，尤其是涉及父亲的活动，我可没有这个勇气。因为在大量的前辈的回忆文字面前，我自知缺少这方面的资格。至于我自己，一生并没有什么大的建树可供记载，只是脚踏实地的工作与生活，为社会尽一份绵薄之力而已。

花甲之年懂爱情

文／章诒和

　　我从20世纪80年代初开始，一边从事戏曲研究，一边为写作而准备。我写的第一篇文章是《忆罗隆基》。写毕，急急忙忙又恭恭敬敬地拿给丈夫（马克郁）审阅。他1955年毕业于北京大学中文系，主攻戏曲、小说。就文学而言，他是内行，我是外行。审阅前，我塞给他一支铅笔，并在他耳边细语道："你看到写得还算好的话，就在旁边给我画个圈圈，以资鼓励嘛！"

　　他笑笑。一笑之间，我们的关系顿时从夫妻转变为师生。他坐着，我站着。近三万字的篇幅，他一页一页地看。只见丈夫手里的笔一动不动，我心里凉了半截。看到最后一页，他画了一连串的圈圈。我知道，这是专为"以资鼓励"才画的。

　　我是第二次婚姻了。第二次婚姻的特点是婚前双方要把所有的问题提前谈好，权衡的分量大于情感的砝码。所以，婚后我和丈夫的关系平淡得像"独联体"——松散的联盟。一人一间屋，各干各的事，各看各的书，经济独立，社交独立。日子再平淡不过了。

　　可是一旦他倒下，那平淡后面的东西突然显露出来，血淋淋的！我恍然大悟：他不是我的丈夫，他是我生命的全部！我哭泣着不断哀求医生："救救他，用我的命换他的命！"两次昏死在他的病房。我第一次倒地，他大叫："这儿不是医院，这是虎口。我俩不能都掉进来，你要逃出去！从明天起，不许你来看我。"第二次，他就只能用无比忧伤的眼睛望着我，望着我。

丈夫的病越来越重了，那时我刚好写完《忆张伯驹夫妇》的草稿。他挣扎着一天看一两页，还在稿子上面做记号，并吃力地说："小愚，你写得比以前好多了，可还有很多问题，等我的病好了，我来给你改。"过了月余，丈夫大概知道已经没有为我修改文章的可能了，他把稿子从枕头底下抽出来还给我，说："写吧，写吧……"

一天，丈夫的气色还好，他坐起来拉着我的手说："生老病死，是人生的四段。古人把立德、立功、立言视为人生的标准。小愚，对你来说，这些都不重要，最重要的是你要活下去！这是你父亲（章伯钧）当年的叮嘱，也是我的叮嘱。我不担心你的工作，只担心你的生活，你什么都不会呀。我死后，谁给你领工资？马桶坏了，谁给你修？灯绳断了，谁给你接？你一个人实在过不下去了，就再找一个男人吧！"我扑在他的胸前，放声大哭。

一个周日，他的两个孩子都来探视。预感到来日无多的他，流着眼泪要求孩子："你们今后要照顾好章姨！答应我，答应我！"其声嘶哑，其情凄怆——死神来临之际，夫妻诀别之时，我临近花甲之年，懂得了爱情，也懂得了男人。清理他的遗物时，我发现一个纸夹。那里面的每一张纸上，丈夫都用铅笔写着同样的一句话：今后最苦是小愚。

丈夫去世已六载。六年来，以往夫妻的共同节目，如看大片、看球赛、写对联、下棋、听戏、散步，我全戒了。

　　我一直以为人生有两件东西是属于自己的，一是情感，二是健康。丈夫一步一回头地离去，使我猛然醒悟：这个世界原来是什么也抓不住的！我内心那份绝望的寂寞，从此与生命同在。只要活一天，它就在一日，很深，很细。

42个人，共圆一个美丽"谎言"

文／张永华

2013年1月7日，南昌街头，一位老太太正蹒跚地走在路上，怀里紧紧揣着一沓钞票，这是刚从银行提出来准备给重孙子治病的救命钱。

这时，一辆摩托车从老人身旁呼啸而过，同时一沓钱"啪"的一声"掉"在了地上。老人见状忙呼喊起来："钱掉了，小伙子，停车……"突然，一个人蹿过来，捡起地上的钱就跑。听到喊声的男子返回来，径直找老人要钱，老人慌忙跟他解释，但他一口咬定就是老人捡了自己的6000块钱。老人被逼无奈，掏出自己的钱来证明说："你掉的是6000块，我身上的是4200块……"话还没讲完，男子一把抢过钱，骑上摩托车疾驰而去，很快就消失在人群中。

老人这才恍然醒悟，自己遇上了骗子。这笔钱对于老人可是个大数目，想到在医院里等着缴费治疗的重孙子，老人又心疼又懊悔，一时没了主意，像个孩子似的坐在路边哭了起来。很多路人围了上来，了解情况后，在大家的建议下，老人报了案，回家等消息。

因为老人的儿子和孙子一起做生意赔了钱且负债累累，生活困窘，老人每月仅有的1000元退休金还要经常贴补他们。为了多一点收入，老人又腾出最好的一间房来出租，冷雄就是老人唯一的房客。这天，冷雄像往常一样下班回到家，一进门就听到老人伤心欲绝的哭泣声。知道事情的始末后，他气愤极了，担心孩子因为缴不上医疗费而延误病情，可自己手头上也拿不出这么多钱来，想帮老人也是心有余而力不足。冷雄心里堵得难受，饭也吃不下去，坐在桌旁发呆，一眼瞥见桌上的电脑，顿时有了主意。

他连忙打开电脑，发了一条微博，上面写道："一位80岁的老太太平时炒一个菜吃三天，每晚电灯只亮不到半小时，今天上午在中山桥被抢走了给重孙子治病的4200元钱，不吃不喝哭了一天。"冷雄希望有网友关注这个帖子，并奢望能有好心人帮帮老人。

很快，有人转发了这条微博，接着，转发的人越来越多。不少网友留言，表达了对犯罪分子的愤怒和对老人的同情。半个小时后，冷雄收到了一个陌生网友的私信，说他愿意捐款2000元给老人。冷雄高兴地马上把这个消息告诉了老人。没想到，老人很善良，不想给外人添麻烦，坚决地拒绝了。她说："我不能接受陌生人的帮助，好意我心领了，只盼望警察能早点破案，追回自己的钱。"

这条微博聚拢了越来越多的热心网友，他们听到老人拒绝帮助的消息后，有感于老人的善心，更坚定了帮助老人的决心。一个名叫杜兴强的网友灵感迸发，提议编造一个美丽的"谎言"，得到了大家的一致认可。

当晚7时，杜兴强在微博上发出了爱心倡议帖，以"42个人，一个谎言"为标题。帖子的内容是：征集42名爱心网友。每人捐款100元，送给老人时称警方已侦破此案，钱已追回。这个倡议得到了网友的热烈响应，时近凌晨时，已经征集到了42名网友，而且还有网友陆续报名。因为名额已满而被婉拒。

1月8日，冷雄主动找到当地媒体，在他们的监督下，开设了一个新账户，并通知了参与活动的网友。很快，42笔钱聚拢到这个账户上。接着，冷雄又到派出所说明情况，提出请求警察参与活动客串表演，也很顺利地得到了支持。

1月9日，两名特邀警察在冷雄的陪同下，来到了老人家中，递上了饱含爱心的4200块钱，他们对老人说："案子破了，钱追回来了。"老人颤巍巍地接过钱，感激地连连道谢，枯枝般的手掌抚摸着满是皱纹的脸庞，终于破涕为笑。

42个人，共圆一个美丽"谎言"，这是一剂救心药丸，是一记重鞭，是对犯罪分子良心的抽打，更是对爱的呼唤。

三次幸福感

文／洪　晃

　　幸福是生活中的一点一滴，我这辈子有三次记得非常清楚的幸福感。

　　第一次大概是三岁左右，我父母回家过周末，我被允许睡在他们的房间。一张床上，左边是妈妈，右边是爸爸，他俩都在逗我玩。最近在看戴安娜·弗里兰（著名时尚专栏作家）的传记，她实际上是在纽约长大，但是她跟所有人说她成长在巴黎，以至于她自己都承认，她的幻想其实比现实更重要。我一直有种感觉，我的第一个幸福时刻也是我自己捏造出来的，我根本不确定是否发生了，但是在我的记忆中有各种细节，比如在哪个房间，被子是什么颜色的。也许作为一个离婚家庭的小孩，我需要有这种幸福时刻。至于是否存在过，这个却并不重要。

　　第二个幸福时刻是当我对生活做了决定，舍去了很多包袱时。那天阳光灿烂，是难得的一个大晴天，正好又是春暖花开的时候，处理掉旧日的烦恼，轻装上阵新生活的感觉让我特别幸福。大部分人都认为只有得到才是幸福的，而那个春天我的确感受到舍弃能带来自由，而自由绝对能带来幸福。

第三次是最近，我老公和闺女在房间里玩耍，他们每人拿着一把玩具剑在瞎比画。夏天，老公光着膀子，头发扎了一个小辫，他故意做出一副武士的样子，追得闺女笑着叫着满屋子跑。我在旁边看着，突然有一种幸福感，马上用手机把两个人插科打诨的样子照下来，让幸福有了一张影像。

所以我觉得，第一，幸福不是常态，是生活中的一瞬间，这种瞬间多一些，人就有幸福感。我有过三次已经非常满足。持久的幸福感可能是很累的事情。第二，幸福不一定是真实的。即使生活很苦，也不要失去对幸福生活的想象力。最后，是我们的选择决定我们的幸福。

读者
出版传媒

老年博览
2013年度精选

乐活指南
人生咸淡两由之

世界上没有好玩的景点，只有好玩的人

文／茅于轼

　　曾经参加过一个旅游团的出国旅游，收获颇丰。最大的感受是通过和素不相识的二十几个人的五天相处，观察到每个人对人生的理解和追求，从而思考我们应该怎样活着。

　　当今世界是一个商业世界，旅游也不例外。人家组织旅游团为的是通过旅游服务赚取工资，养家活口。然而，对于游客来说，旅游的目的到底是为了花钱花得值，还是花钱找快乐？是在旅游中做钱的奴隶，还是做钱的主人？如果仔细观察别人的行为，可以发现每个人对这个问题的答案都是不同的。有些人，出来的目的就是为了使自己所花的钱物有所值，甚至物超所值。旅途中是利益在驱使着他们，而不是寻求快乐在引导着他们。

　　加入旅游团，支付团费，就是一笔买卖。既然是买卖，双方利益就处于对立状态。出国以前钱已经交了，价钱已经定了，不能再讨价还价了，于是利益的对立就表现为旅程的安排，服务的数量和质量的计较。

　　我们每个人从小就受市场的影响，慢慢长大以后，懂得生活的艰难，越发在金钱上斤斤计较。对有些人来讲，这种习惯变成了人生哲学，于是观光之旅变成了讨价还价之旅。每当争取到多得一点利益的时候，一些人就感觉欣欣然，认为实现了自己人生的目标。于是，旅途中就充满了这样或那样的讨价还价的插曲，有时候还有尖锐的交锋，这就破坏了旅游的气氛，当然是煞风景的事。出来旅游就是花钱买快乐，如果一路都是争吵，这样的旅游还有什么意思。

有一次在就餐的时候，有的游客发难说菜既不好又太少，非要再增加一个菜不可。导游为了息事宁人就答应了，给三桌各多上一个菜。可是等菜端上来时，大家已经吃饱了，几乎没有动筷就起身走了，这三盘菜纯粹是浪费。我感觉很可惜，何苦制造浪费呢？可是这几位发难者却另有自己的看法，他们用一副胜利者的姿态步出餐厅。他们的神态，在我的记忆中，只有第二次世界大战成为胜利者的盟军，趾高气扬地穿过凯旋门时可以相比。

我们这个旅游团在出发的时候，导游对大家说了一句话：世界上没有好玩的景点，只有好玩的人。大多数人并不以为然，旅游就是看景点，怎么说关键在人呢？等到旅游结束时再想起她的这句话，的确有道理。其实想通了，世界上的物都是死的，人才是活的。我们怎么感受这个世界，全在于我们怎样看待这个世界，以及怎样彼此对待。

在微饥中惜福

文／张丽钧

突然问了自己一个问题：我有多久没有饥饿感了？

我回答不上来，大概有好久好久了吧。现在我总是饱饱的，来不及等到饥饿感光顾，就又开始吃东西了。

听母亲说，我的祖父在年轻的时候外出讨饭，饿死在了路上。

我的母亲也曾饱受饥饿之苦，她说："有一回，我跟你二舅饿得要晕过去了，就一人喝了一碗凉水，吃了两瓣大蒜。"

我的母亲捍卫起过期食品来十分卖力。我要扔掉一袋过期饼干，她会连忙夺过去，打开袋子，三块三块地吃，边吃边说好吃。我再执意要扔掉某种过期到不像话的食品，她就急了，说："我也过期了，你把我也扔了算了！"

挨过饿的人，对食物怀有一种近乎畸形的珍爱。

电视上一个老红军回忆说，爬雪山、过草地的时候，他们吃皮带充饥。妹妹的孩子好奇地问："皮带怎么可以吃呢？"妹妹说："因为是牛皮的吧。"妹妹的孩子继续追问："那他们为什么不吃牛肉呢？"——这个孩子一向视食物如寇仇，以她现有的理解力，断不会明白人何以会饿到吃皮带的程度。

据说僧人用斋时要"心存五观":"计功多少,量彼来处;忖己德行,全缺应供;防心离过,贪等为宗;正事良药,为疗形枯;为成道业,方受此食。"用斋亦如用功,不可出声,不可恣动。

我常想,对寻常的一饭一蔬都怀有神圣感的人,一定不会漠视造物主的种种赐予吧。

听一个医生说,适度的饥饿感是有益健康的。他说,人在不饥饿的时候,巨噬细胞也不饥饿,它便不肯履行自己的职责;只有在人有饥饿感的时候,巨噬细胞才活跃起来,吞噬死亡细胞,扮演起人体清道夫的角色。他甚至说:"饥饿不是药,比药还重要。"

被饥饿感长久疏离的我,多么想要这样一种感觉——饥肠辘辘之时,捧起一个刚出屉的馒头,吃出浓浓麦香。

食物富足了之后让人适度饥饿,跟钞票宽裕了之后让人适度贫困一样惹人不快。曾几何时,贫困和饥饿恣意蹂躏无辜的生命;今天,走向小康的我们还不该报复性地挥霍一番吗?就这样,浅薄的炫富断送了必要的理性,餐桌上的神圣感迟迟不肯降临……

我很喜欢为母亲炒几个可口的小菜,再陪她慢慢吃。那么享受,那么陶醉。我知道我总是试图替岁月偿还它亏欠母亲的那一餐餐的饭。菜炒咸了,母亲说正好;菜炒烩了,母亲说不碍。我带着母亲下馆子,吃完了打包,她跟服务员说:"除了盘子不要,其余都要。"

在物质极其丰富的今天,为了铭记伤痛,为了留住健康,为了感谢天恩,我们太应该唤醒自己对一蔬一饭的神圣感,在珍爱中祝祷,在微饥中惜福,在宴飨中感恩。

一点盐

文／乔　叶

　　小区有一个老太太，酷爱跳舞，几乎天天不落。探戈、恰恰、大秧歌……跳得也不怎么好，可是什么舞都会跳。再看她的气色，红是红，白是白，那真叫一个好。

　　问她为什么这么喜欢跳舞，她说："人活一辈子，嘴要吃饭，心也要吃饭。嘴里的饭得有盐人才有劲儿活着，心里的饭也得有'盐'人才有生命力，这点儿盐从哪里来？唱个歌儿，画个画儿，写个书法，抖个空竹……这都是盐。跳舞，那就是我心里的盐。"

　　心里的盐，这是老太太的说法儿。

　　写成书面，应该就是精神的盐。有滋味的生命，是需要这么一点盐的。这点儿盐，往小里说，就是自己逗自己玩的那点儿爱好，那点儿兴趣，那点儿让自己乐此不疲也苦此不疲的瘾。往大里说，就是念想，是梦想，是理想，就是让自己觉得此生没有白过的那么一种志向。

　　人生的滋味，就是从这一点盐开始的。

　　太多盐的人生，那是大海。大海一样的人生，全世界也不过那些个人，更多的则是池塘、溪流、水洼一样的人生。直到有一天，太阳把你所有的水分都蒸发完了，老天把你所有的时间都晒干了，你还有什么留在一望无际的滩地上？可不就是这点儿盐吗？这点儿盐，可不就是你人生所有的结晶吗？

藏住心的买卖

文／马未都

　　有一次，我去天津一个医生家看古董。他家的东西都是真的，但都有毛病，不值钱。聊了一会儿，我就说："你们家是不是还有点好的啊？"这男的就看了他老婆一眼，这明摆着他家有样东西，得他老婆同意才能拿出来。他老婆站在门框那儿态度特暧昧。我就说："你看我都这么大老远地来了，弄点好东西给我看看。"这两人就羞羞答答、半推半就地把那壁柜打开了。壁柜里塞得满满的，都是破被子褥子衣服，往外掏，一会儿就堆得跟小山一样。最后拿出一个盒子，一打开，我想，让我逮着了。

　　这东西当时特值钱，是摇铃尊，釉里红，康熙年间的，当时国际市场上卖一百多万港元——那是 20 世纪 90 年代。我就没敢看，给关上了，我说："这个您能让吗？"男的说这个可贵，女的就说不能让。他俩的戏演得甭提多好了，没给我一点不真实的感觉。我问多少钱，他们说得多点，16 万元。我一听大喜，按捺不住心中的激动，就试探着还了一个价，我说能不能八万元。然后那人说了有致命破绽的一句话："那您带钱了吗？"我立马警觉了。我说没带钱，下星期就过来。我还不死心，一个星期后带着八万元又去了。在他

165

们家，我把那摇铃尊拿到阳台上去看，那是我见过的最好的仿品。

所有被骗的人都会说，我当时脑子就不转了，被喷上迷魂烟了。其实什么都没有，不是脑子不转了，当时脑子转得快，是在想怎么赚钱。所有的骗子都在一个地方下工夫，就是怎么能让你贪。

逍遥

文/亦 舒

这是一首打油诗。一个犁牛半顷田，收也凭天，荒也凭天。粗茶淡饭饱三餐，早也香甜，晚也香甜。布衣得暖胜丝棉，长也可穿，短也可穿。草舍茅屋有几间，行也安然，待也安然。雨过天晴驾小船，鱼在一边，酒在一边。夜归儿女话灯前，今也有言，古也有言。日上三竿我独眠，谁是神仙，我是神仙。

此君真懂得享福？当然，且来看，首先，半顷田可不便宜呵，又粗茶淡饭最为养生，延年益寿，布衣通爽卫生，胜过人造纤维多多，洗熨得宜，看上去精神奕奕。

什么，还有草舍茅屋几间？无论收租自住都舒服到极点，此君简直是一名退了休的小富翁。

再看下去，更加不得了，他还有小型游艇可以开出去钓鱼耍乐、喝老酒、度余闲，真南面王不易。

完了归家，孝顺精乖的子女陪他说说笑笑，累了，睡至第二天红日高挂，早就不用上班，也不去理会金楼股价上落矣。

兄弟，看到没有，逍遥是讲条件的，你以为只要放下就能自在，即时可以悠然见南山？没有本钱，哪里可以这样舒服。

像植物一样睡觉

文／陆勇强

　　花生其实是一种贪睡的植物。每当夕阳西下，它的叶子就会慢慢合拢，表示自己要睡觉了。合欢树也是。白天的时候，它的叶子迎风而舞，一旦夜色降临，小叶子就会合在一起，好像对你说：我要睡觉了，别来打扰我。还有睡莲。每当早晨太阳升起，它就会慢慢舒展开它娇艳的花蕾，显得十分精神；暮色升起，它又会合上花瓣，有一种疲倦劳累的姿态。

　　许多植物都有睡眠，它们秉承着亘古不变的生活规律，舒舒坦坦地活着。

　　其实，人肯定活不过一棵树，植物没有欲望，人有七情六欲。就是这些纷杂的世事，让人合不上眼，睡不好觉。

　　医治失眠的药方在我们每个人的心里。你能放弃多少，看破多少，你就能获得多少好质量的睡眠。

　　拥有一份好睡眠，其实无非是让自己活得更有植物性。

不要以为自己就是尺度

文／王　蒙

　　说来有趣，你所喜爱的，你以为旁人也喜爱；你所恐惧的，你以为旁人也恐惧；你最厌恶的，你以为对旁人也十分有害。其实，事实往往并非完全如此。

　　我发现人的这种以自己的好恶为尺度来判断事情的特点几乎可以上笑话大全。一个母亲从寒冷的北方出差回来，就会张罗着给自己的孩子添加衣服。一个父亲骑自行车回家骑得满头大汗，就会急着给孩子脱衣服。父母饿了也劝孩子多吃一点儿，父母撑得难受了就痛斥孩子太贪吃。

　　上一代人对下一代人的消极评价，究竟有多少是靠得住的？有多少是以己度量人度量出来的？反过来说，下一代人不是也以自身当标尺吗？当他们看到上一代人已经发胖、已经白发、已经少懂了许多新名词的时候，他们是多么失望啊。你怎么不想一想，老一代也大大地火过呢。英语里有一句谚语："Every dog has its own time.（每一条狗都有它自己的时代。）"上了年纪的人与年轻人之间，多么需要更多的相互了解。

　　我无意用简单的进化论观点来认定新的一代一定胜过上一代，

但是至少，人们是发展变化的，社会是与时俱进的，科学技术、思想理论、生活方式直至价值观念都是不断发展变化的。你高兴，认为它越变越好，它会变化；你不高兴，断定它越变越坏了，它照旧变化。你给以很高的评价，它要变；你评价极差，认为是一代不如一代，全是败家子，它也要变。

　　这里我不想轻率地对这种变化做出价值判断，前人的许多东西都是需要继承需要珍惜的，后人的变化中在得到进步得到崭新的成果的同时也会失去一些好东西，付出一些也许是太高太过分了的代价。但是想让下一代人不发生任何变化是不可能的，只有理解这些发展变化，才能占据历史的主动性，才能取得教育或影响下一代的主动权，也才能赢得下一代人的信赖和尊敬。同时年轻人也只有把前人的一切好东西继承下来，才有资格谈发展和创造。

理想社会应该是所有人爱所有人

文／林楚方

二十多年前，我的老师看到一群鸡鸭鹅在被晾晒的小麦上连吃带玩，还排泄很多糊状物。从城里来的老师好奇地问："到时候会不会把粪拣出去？"农民笑："到时候粪都干了，哪儿拣得过来？"老师问："然后一块儿碾成面粉?!"农民说："是啊，然后你们城里人做成馒头。"

十年前，香河毒韭菜事件后，我和当地人聊天，他们教我很多买菜窍门，比如韭菜越是黑和绿，越不能买，因为被"灌过根"（被高浓度农药水泡过）；灌根的韭菜不长虫，而且产量高。我问他们自己吃吗，他们说，不吃。

第三个故事，发生在两年多前的同学聚会，法官同学和公务员同学就共同关心的腐败问题交换意见，但在法官黑还是公务员黑的问题上吵得很凶。我劝他们：公务员和法官名声都不好……他们的回答是：其实记者最烂。

这三个故事在现实中很可能有这样的联系：记者敲诈过官员，官员欺压过农民，农民种过有毒菜，被官员和记者吃了……这是一个互相残害，棒子老虎鸡的糟糕链条。为了逃避这个链条，有钱人就吃无公害的菜，喝纯净的水，买进口的食品，玩外国的玩具，吃香港的奶粉，哦，不行，买多了得判刑。更有钱的人，干脆带着老婆孩子，投奔他乡去了。

一个理想的社会应该是每个人爱每个人；一个不理想的社会，一定是每个人害每个人。这样的状况，大家满意吗？我相信，很多人有不满。

很可能你和你的朋友都想过改进的办法，但想来想去还是绝望。真的没办法吗？不是没有，一个叫崔卫平的学者说过："你所站立的那个地方，正是你的中国。你怎么样，中国便怎么样。你是什么，中国便是什么。你有光明，中国便不黑暗。"

也许你会觉得这样的话太空了，但问题出在每个人，解决也只能靠每个人。

建设一个美丽的国家，只能这样，没有捷径，真的没有。

人生咸淡两由之

文／祁增年

1925 年初秋，弘一大师因战事而滞留宁波七塔寺，应老友相邀，在夏先生住所小住数日。其间，弘一大师用餐时，享用的仅是一碗米饭、一道素菜和一杯白开水。

有一回，夏先生看在眼里，实在于心不忍，便说，一碟腌萝卜，你就不觉得太咸吗？

咸有咸的滋味。弘一大师平静地回答。

不添茶叶，白开水就不嫌太淡吗？

淡有淡的味道。弘一大师淡淡一笑。

夏先生有此一问，那是因为作为故交，他知道弘一大师年少时也曾是个风流倜傥的才子，也曾过着锦衣玉食的日子。后来，夏先生在《生活的艺术》一文中写道："在弘一大师的世界里，一切都好。百衲衣、破卷席和旧毛巾一样好，青菜、萝卜和白开水同样好。咸也好，淡也好，样样都好。能在琐碎的日常生活中咀嚼出它的全部滋味，能以欢愉的心情观照出人生的本来面目，这种自在的心性，宛如一轮明月，是何等空灵的境界。"

人间滋味，原本就是苦辣酸甜的融合。苦中有甜、甜中有苦，咸淡相依、甘苦共存；没有品尝过苦涩的滋味，又如何体味香甜的美妙？

宋朝云门慧开禅师，曾留下一首传诵千古的诗偈《日日是好日》：

春有百花秋有月，夏有凉风冬有雪；

若无闲事挂心头，便是人间好时节。

这又何尝不是咸淡由之的泰然境界。然而，咸淡两由之，并不是简单地随遇而安、不图进取。丰子恺先生曾评价弘一大师："当教员，是个好老师；做名士，是个真名士……做一样，像一样，就因为他做一切事都心无旁骛、认真投入的缘故。"

人生本如此，咸淡两由之。这也实在是一种生活的艺术。

我俩的田园生活

文/艾 米

前段时间看报纸，发现很多老人退休之后都喜欢过田园生活，要么去郊区租一块地，要么直接搬到乡下老家居住，自己种菜自己吃，过着日出而作日落而息的生活，既丰富自己的老年生活又陶冶了情操，这让我和老伴儿很是羡慕。

退休之后我俩的生活基本就是吃饭睡觉遛弯逛公园，看着挺悠闲挺丰富，其实只有我们俩自己知道，这种生活太沉闷了，一点儿意思都没有。退休前老伴儿就常说，要是不工作了就回老家当个菜农，过着"你挑水来，我浇田"的生活。可这想法没能实现起来，因为现在的农村也在搞房地产开发，原来老家的房子已经拆迁了，这让老伴儿惋惜了很久。

回老家不可能了，那还有没有别的招儿呢？我家住的是六层楼的顶层，楼上送的露台一直闲置，用来堆放一些杂物，现在正好可以收拾出来，面积看着小，可也有八十多平。说干就干，老伴儿还在面积图上进行了规划，这里种黄瓜，那里种番茄……我们全家都对这个计划充满了憧憬，觉得自家的菜园子就在眼前了。

说起来容易，做起来难。清理露台的杂物就把我们俩累得够呛，这可是几十年的积累。老伴儿说,这比当年下乡插队干农活还累。我说,这是因为现在体力不行了,想当年我也是一下子就能扛起200斤麻袋的小伙子。老伴儿在旁边打趣,还小伙子,现在是老小伙了。就这样干干停停,我和老伴儿辛苦一个月终于将露台整理出来了,看着自己的成果,那种快乐是遛多少次公园也得不到的。

接下来就是划分区域、填土、种植了,我和老伴儿每天早起就忙碌,天黑才收工,终于种下了我们希望的种子。没承想,一场暴雨,将刚刚出土的菜苗浇了个稀巴烂,老伴儿心里很后悔,我赶紧安慰,没事,咱接着种,还来得及。这回长了记性,我们在上面搭了个简易的遮挡棚,再下雨也不怕了。由于上次的遭遇,每次一下雨,老伴儿还是忍不住要上楼去看看,我笑她,这比养孩子还精心。老伴儿说,可不嘛,这就是我的宝贝。

小苗一天天长大,我和老伴儿在自己家做起了老农民。浇水,露台没有水管,我和老伴就拿小桶一次一次地从六楼往露台送。拔草、施肥、搭架,当第一个黄瓜顶着黄花长出来的时候,老伴儿那高兴劲儿就别提了。

随着菜园子里的菜一天一天地茂盛,夏天我们全家就到露台上去乘凉,吃着自己种的黄瓜、番茄、茄子等。儿子说,没想到,你们二老还挺能干,露台这么一整理真成了咱家的菜园子。

退休后的生活虽然很简单但也要有规划,不要随波逐流过一天算一天,退休后要过有意义的日子还是过沉闷的日子全在于自己的选择。

卖房也要去周游世界

文/张广柱　王钟津

　　我们夫妻俩都六十多岁了，却不喜欢"老年人"这个词，因为其显得暮气沉沉、日薄西山，即使是夕阳红，也离坟墓不远了。我们喜欢"年轻人"，意味着激情、活力、希望。所以造一个新词描述自己：花甲青年，还起了个共用网名"花甲背包客"。

　　我们希望颠覆传统养老模式，退休前两年就开始规划退休后的生活。总的想法是：不在家门口的小公园和医院里度过晚年，遛狗、养鸟、种花、抱孙子的安逸生活，不是我们的期待。我们希望抓住人生的尾巴，活得更精彩。于是，选择了新的人生目标：周游世界。

　　不知何时开始，网上就流传着这样一段话：只要半平方米的价格，就能到日韩新马泰玩一圈；一两平方米的价格，欧美各国也回来了；三四平方米的价格就能去埃及、南非这些神奇的地方……几年下来，全世界你都玩遍，可能还没花完一个厕所的价钱。于是，我们下定决心，即使卖了房子，也要去旅行！其实，我们这一代人，省吃俭用已经成为了习惯。旅行可能会花费一生的积蓄，但是我们觉得值，如果钱花光了，我们会把我们的房子抵押出去，接着旅行。

　　对于我们来说，旅游不再是生活点缀，而是一种养老模式，一种健康快乐的生活方式。我们依然像孩子一样，瞪着好奇的眼睛，望着这个多彩世界，去探索、去追寻。

半年后，我们成功了，自费自助游了南半球一圈，完成我们当初制订的计划：环球自助游。我们走了6个月，180天，到了14个国家和地区，拍了几万张照片。

一路有无数人帮助我们，非常感谢那些帮助我们的人，同时也感谢我们的家人对我们的支持。

一路困难重重，除了语言不通的困难以外，还有许多危险和不可知的因素造成的困难，被我们一一克服了。

最大的收获是我们夫妻二人在旅途中感情更加牢固了。没有这个做基础，我们也很难走下来。人生的路就是相扶相帮，在困难中相互恩爱，克服困难。没有一帆风顺的路，却有永远走下去的路。

14个国家，各有各的不同，都有美丽的一面。我们在南极露营，在亚马孙睡吊床，在教堂参加黑人的复活节弥撒，在马丘比丘寻找历史，在大湿地游泳，在周末市场看人生百态，在奢华中体验民众情趣，在星空下与篝火为伴，在青年旅馆和各国朋友交流沟通，还因病住院知道旅游保险的重要性。

180天，在我们60多岁的人生时间里不多也不少，但这是我们非常值得炫耀的一段时间，非常值得骄傲的一段时间，是我们晚年生活的一段精彩时光。

我们用行动告诉大家：中国人也可以这样去看看外面的精彩。行动吧，世界是美丽的，不论年轻还是年老，都能看到多彩的世界。

"拼老" 也快乐

文／申国强

前年，二婶病故后，70 岁的二叔独自生活，工作在外地的我时常惦记二叔的生活起居。

前不久二叔打来电话，开玩笑跟我说他又找了个"老伴"，两人很合得来，让我别再为他担心了，我听后特别高兴。后来借出差的机会，我回老家去看望二叔和他的"老伴"。

万万没想到二叔的"老伴"竟然是个男的。二叔见我诧异的表情，笑着说："你们年轻人讲究'拼车'、'拼房'、'拼饭'，难道就不许我们老年人来个'拼老'吗？"我问他这"拼老"到底是怎么个拼法？二叔告诉我，他和"老伴"都是丧偶的人，每人都有退休金，他们共同租了一处两室一厅的房子，一人一室，每月各拿出 800 元钱作为共同生活费。

在解决了物质生活的问题后，他们开始享受"拼老"给他们带来的快乐。每天早晨 6 点，二叔就会敲开"老伴"卧室的门，喊上一声："'老伴'，快起床，该下楼晨练了。"于是两位老人乐呵呵地到小区广场上去打太极拳。

二叔他们还经常和另外几对"拼老族"结伴外出旅游，两年间，游遍了大半个中国。旅途中，他们互相照应，既欣赏了祖国的大好河山，又免去了子女的担忧，真正过起了悠闲自在的神仙日子。

看着二叔过着快乐的"拼老"生活，我说这种欢度晚年的生活方式很值得推广。可是二叔却说："我们的'拼老'可不像你们年轻人，随随便便就拼到一起了。我们有共同的生活习惯、共同的爱好兴趣，脾气性格也大体相似。"

看来，"拼老"也是要讲究感情基础的。

老人不是包袱

文／于 坚

对于伦敦，我的一个印象是，在这座城市里，到处都是仪表堂堂、高贵严肃又亲切和蔼的老人。也有许多老妇人打扮得花枝招展、坦荡磊落。他们当然可以理直气壮地坦荡磊落，因为这个伟大的城市是他们建造的，是他们用青春为这座城市的辉煌奠基的。随处可以证明他们曾经创造了这座城市。伦敦几乎没有拆迁过，所以92岁的设计师可以指着那座教堂的窗子说："这是我设计的！"泥水匠可以告诉他的重孙："你的足球场是我砌的地基！"

老人依然活跃在沙龙、酒馆、剧院、教堂。我朗诵诗的那个下午，大厅里全是中年人和老人，提问踊跃而深刻。他们不仅是爷爷奶奶，更是教师、顾问。老人不是包袱，而是那个国家的活史书、精神容器、道德楷模、美食秘方，以及某种久经考验的生活品位。

伦敦有许多老人用品商店，不是凤毛麟角的一两家老气横秋专为敷衍老人赚几个小钱的粗糙、丑陋的专卖店，而是老人的时装店、老人的日用器皿店、老人的手工皮鞋店、老人的雨伞店、老人喝下午茶的咖啡馆、老人的体育用品店，哦，还有老人的首饰店！

在国内，我想给父母买点拿得出手的礼物，但在我所居住的城市却买不到。市中心由青春靓丽者统治着，设计师们从来不为自己年迈的父母设计时装，那种背街背巷猥琐自卑的老人用品店出售的次品，你好意思买给父母做礼物吗？现在买到了，一个绣花的专供老妇人用的小羊皮钱包，因为老人出门不会带许多大钞票。一个药盒，里面可以放置应急的药丸，就像首饰盒一样漂亮。

在伦敦，酒鬼有酒鬼的去处，流浪汉有流浪汉的蜗居，年轻人有年轻人的圣地，老人有老人的玩场。大家各行其事，各得其所。而在我居住的城市，与老人有关的世界基本上已经销声匿迹了，老人大多数时候只能躲在家里守着一台电视机。在伦敦，举目皆是老房子、老街道，地铁也是古董，完全感受不到想象中工业国家的焕然一新。难怪中国游客会大失所望：英国怎么如此落后而陈旧！

中国近百年的思潮是维新。"维"到今天，新的就是好的，新就是有用，旧就是无用，害怕无用，似乎成为人们的一种共识。普天之下焕然一新，而且还在继续更新。老人日薄西山，几乎与保守、无用甚至累赘同义。

尽管传统观念还在血液里暗自发生作用，家庭中老人还保持着几分威严，但社会的伦理道德已岌岌可危了。

中国思想，总是在理想与现实、精神生活与世俗生活之间根据眼前利益摆动。利益所在，无比具体；利益所在，也无比抽象。在商业方面，可以说少年中国已经实现。吾国大城市的商业中心，哪一个不是"老人莫入"，只为有经济实力的新潮族设计。孩子也受影响，因为有未来的、能够成龙的不是老人，而是孩子，于是无用的老人去接有用的小孩，像银行运钞车去接存款，为他们背书包。总之，各行各业，老人没啥希望、前途，只有青春才是资本。

我有个同事，在编辑岗位上干了一辈子，在编辑这个专业上可以说是个默默无闻的大师。甫一退休就黯然离去，连个送行的人都没有，接替他的是一个刚刚招聘进来的小伙子，单位甚至连请元老指点一下的念头都没有。这是一种无情的侮辱，他干了一辈子的事业毫无价值，小青年永远可以从头开始。他进来时，这个单位还在打地基，连办公室都没有，现在已有一栋摩天大楼，但是与他毫无关系。没人尊重他的一生，自个儿一边待着去吧。心寒！

我们所谓的老龄问题，不仅仅是如何安置老人的问题，根源是我们的观念出了问题。拆迁老建筑还是表面的，在这个表面的背后是对历史、经验的蔑视和恐惧。这种拒绝守成、从零开始的文化，已经深入骨髓。

曾经坐在泰晤士河畔的一个小咖啡馆里喝过一杯咖啡。跑堂的是一位白发苍苍的老人，腰上拴着一个磨成了宝贝的牛皮夹子。老人跑堂60年，收杯摆碟的功夫、风度已经是大师级的了。我盯着他腰上那个古旧的牛皮夹子看，估计他为了做好这项业务，专门定制了这个与咖啡馆相称的牛皮夹子；也说不定有的顾客来此喝上一杯，就是为着瞟一眼这个夹子。坐在泰晤士河畔，有一位终身热爱跑堂的大师为你端来咖啡，那不仅仅是享受，也是沉思：他一生有那么多跳槽的机会，有更好的工作可以赚更多的钱，为什么顽固保守得像泰晤士河那样永不改道呢？

看得出来，他德高望重，来这里喝咖啡的许多老人是常客，他们不必吩咐，他就知道他们要什么。或许他的人生理想没有女王那样高远，也就是为这几个老朋友端端咖啡，让他们惬意一辈子。而在他们眼中，这位老人的恩泽未必小于女王陛下。

100 岁的奶奶不灰心

文／一 鸣

33 岁结婚。92 岁开始写第一首诗。99 岁出版第一本诗集《不要气馁》，销量便一举突破 100 万册大关，风头直逼著名作家村上春树的《1Q84》。现年 100 岁的柴田丰面容已经不可避免地衰老干枯，但她内心的爱和激情依然鲜活。她的诗歌给了不少心灰意冷者活下去的勇气和梦想。而她自己，镜子和口红随时放在身边，认为人生才刚刚开始，追求美的脚步永不停歇。

太多男人将青春视为女人的唯一生命，许多女人也受到影响，极其恐惧红颜弹指老，嗟叹刹那芳华尽。其实女人的活力和青春远远超出我们自己的想象，即使活到 100 岁，也可以像柴田丰一样，在某个温暖的夜里写下一首小清新的《别灰心》：

喂 说什么不幸/有什么好叹气的呢/阳光和微风/从不曾有过偏心/每个人/都可以平等地做梦/我也有过/伤心的事情/但活着真开心/你也别灰心

信息宽带
养老应该知道的事

养老靠谁

文／邢少文

很多人一听到政府说可能将出台延迟退休年龄的规定时，都会跳起来反对；当全国老龄委的官员说养老不能全靠政府时，便招来骂声无数。

但事实上，养老不能全靠政府，这个说法是对的。不是全靠，而是本来就没怎么靠，可能想靠还靠不住。

为什么？按照现行统账结合的城镇职工基本养老保险制度，个人账户里的钱是由缴费基数的8%和所在企业单位缴纳的3%组成的，统筹账户中的17%是由所在企业单位缴纳的。个人和企业的钱怎么能算到政府头上去呢？我们是自己在给自己养老。

为什么会有人觉得养老是政府的责任和福利分配呢？原因或在于，1997年基本养老保险制度成立之前，城镇职工，主要指国有企业的职工社保是由企业来承担的，也相当于政府财政承担。但由于国企的亏损、倒闭、改制，原来的企业承担部分没有兑现，导致社保的欠账很多。1997年国企改制，下岗工人以及改制之后职工的养老保险部分由改制后的企业补交，部分交由财政挂账。这些人的养老金，是由财政来承担的。

但这些历史欠账一直没有补上，只能从现在的统筹账户里拿来发放。随着这部分退休人员越来越多，统筹账户不足以支付，只好挪用个人账户，导致现时个人账户的巨额空账。形成今天这一代人养上一代人的养老格局。

统筹账户是社会共济的一种设计，用于解决现收现付的问题可能不算太严重，问题在于个人账户的空账，在很大程度上就相当于是个人替政府还账，这个账随着老龄化人口越来越多，支付压力也越来越大，还不知道这账要还到什么时候。

政府财政每年也在往养老基金里补贴，也在还账，但从统计的数据来看，十年来财政补贴的数据目前仍没有填平历史欠账，如果加上国有股划拨，2011年财政补贴数据占基金总支出的比例也没有超过20%。人保部统计的财政补贴相当于基金结余，只不过是在偷换概念。

从这个角度讲，中国根本就不存在福利过度、福利依赖，而是福利远远不足。

有什么人不是自己给自己养老，是靠别人给自己养老的吗？公务员和事业单位人员，他们自己不用缴纳保费，由国家财政解决，国家财政哪来的，纳税人交的。这就是所谓的双轨制。

这一代为政府还账的参保人将来怎么办？恐怕除了靠退休前自己缴纳的那点钱，部分还得靠下一代来养我们。所以，放弃养老靠政府的思想，为退休而努力奋斗吧。

我能要求已经被人收养的孩子赡养吗

文/老　博

　　问：我和老伴儿有两个儿子，小儿子在出生时，由于我和老伴当时都是知青就留在了当年下乡的地方，被熟悉的老乡收养。多年来联系得比较少，这几年我们相继给小儿子买了当地的婚房，也给了一些钱物等。去年，大儿子因病去世了，我和老伴儿面临着老无所依的情况，就希望小儿子全家能来身边照顾，但是他的养父母不同意，小儿子也没有明确表态。请问这样的情况，我们可以向法院申请要求小儿子来身边赡养我们吗？

　　答：根据您的叙述，您的小儿子现在已经是成年人，他已经和其养父母形成了事实的收养关系。根据我国法律，事实收养指双方当事人符合法律规定的条件，未办收养公证或登记手续，便公开以养父母养子女关系长期共同生活的行为。事实收养应具备以下条件：（1）收养当事人双方均须符合法律规定的条件。（2）收养人与被收养人公开承认其养父母养子女关系，以父母子女相称，并为群众及有关组织所公认；双方相互间有扶养的事实。（3）养子女与生父母在事实上已终止了父母子女间的权利义务关系。（4）未曾办理收养公证或登记手续。又根据《中华人民共和国收养法》第二十三条自收养关系成立之日起，养父母与养子女间的权利义务关系，适用法律关于父母子女关系的规定；养子女与养父母的近亲属间的权利义务关系，适用法律关于子女与父母的近亲属关系的规定。养子女与生父母及其他近亲属间的权利义务关系，因收养关系的成立而消除。所以在您小儿子没有和其养父母解除收养关系之前，您和您爱人已经和您小儿子不存在抚养、赡养的权利、义务，所以您无权向法院申请要求小儿子来身边赡养。

地方养老新招

文／关　木

集中与分散相结合

标准双人间，室内卫生间；洗手自来水，洗澡有热水；三餐食堂做，医生堂前坐。一辈子没走出过山沟沟的五保户袁雪绒老人搬到陕西省彬县民政服务中心后终于享受起了城里的"三星级酒店服务"。谈起这些，老人兴奋又害羞，"很多东西都没见过，生怕弄坏喽。"

建成刚刚一年多的彬县民政服务中心是一所综合性的福利事业单位，"最主要的功能就是养老。"彬县民政局副局长何伟说，"对于县内五保户，我们采用的是免费集中供养的模式，全部资金都由县财政统一支付。"

经过近几年的摸索和建设，彬县逐步探索出了一条集中敬老与分散互助相配合的机构养老模式。在县城和中心镇建立了多个中心敬老院和区域性敬老院，在中心村和社区建立了以"日间照料中心"为主的互助型养老机构。在敬老院，无论是五保户的集中供养还是社会托老代养均已做到吃饭可以统一配餐；就医有常驻医生蹲点，大病急病医院有迅速应急的响应机制；生活保障、室内卫生有专人负责；娱乐生活丰富多彩，保健设施按需配备。相对于敬老院模式而言，没有"围墙"的日间照料中心则更为灵活。"这里离家很近，吃喝玩乐住都有了，吃饭有人做，打牌有人陪，小病还管看。想来就来想走就走，农活多了我就在家待两天。"彬县水口镇幸福互助院的赵老先生说。

目前，传统的家庭养老正随着外部环境的迅速改变和人员流动速度加快而面临着前所未有的压力。像彬县一样，近些年，各地政府均把新建、改建、扩建养老机构作为民生保障工作的重中之重。在天津，已确定新建、扩建市级公办养老机构 5 所，建成后将新增床位 1700 张；在北京，到 2015 年，将计划新建 3.8 万个养老床位；在洛阳，2012 年床位比例达到 22‰……

鼓励民间资本进入

94 岁的王老太住在湖南醴陵市最大的民间敬老院——清水江添福敬老院已经好几年了，她说："这里比家里好。"作为五保户老人，她在家必须自己下田耕种才能养活自己，而在这里她什么都不用干，吃穿都由敬老院负责。

年过半百、在醴陵土生土长的农家妇女瞿志英举债数十万元开办清水江添福敬老院的事迹让人感动。从 2003 年开始，她到处借钱，开辟荒山，自建菜园。召回在外打工的儿子儿媳，为的就是让周围的老人们老有所养。"现在，民政局每月给院内的五保老人发放 200 元补助，可以缓解敬老院资金不足的难题。这些年，国家和省市给民营敬老院的政策越来越好，我最难的时候已经过去了。"

　　为了使民间资本更关注我国养老事业的发展，各地均出台了一系列鼓励民营养老院发展的措施。日前，北京市国土资源局表示，将从政府储备土地中拿出一部分区位条件适宜、符合养老用地建设要求的优质地块，用于供社会力量建设养老机构的土地供应试点；成都市也于近日宣布将投入 1 亿元启动"公建民营"的养老机构建设项目；包头市新建的 5 所民办养老院业已开工，可以新增床位1380 张……

　　据民政部《社会服务发展统计报告》显示，这几年，全国各类养老服务机构每年都以接近10%的速度增长，2011 年更是比上年增长了 11.7%，达到 40868 个，养老床位比 2010 年增加了 7.3%。在各种各样利好条件的刺激下，在公建民营、民办公助、政府补贴、购买服务等多种形式的作用下，民间资本的热情被进一步释放，养老床位得以有效的补充。

专业服务更突出

　　安徽省合肥市琥珀街道自 2009 年起，引入专业的社工服务机构，开展试点工作。采取"购买岗位"方式，由街道向蜀山区民生社会工作服务社购买职业社工岗位。并与高校合作招募大学生志愿者、义工辅助社工开展日常工作，定期为居家老人提供送餐、访视、便民、康乐等四大项贴心服务。自 2009 年 5 月试点推行"居家养老"，根据老人们的需要，街道为每个社区配备一名专职社工，组织社区居民成立志愿者服务队，开展各类志愿服务活动，为辖区孤寡老人和有需要的人群提供送餐、上门理发、测量血压、推拿按摩、家政、家庭探访、文体娱乐、外出陪同等服务。大多数服务是免费的，只有少数是收费的，费用也都远远低于市场价。

除合肥市尝试为老人购买专业服务外，江苏宜兴最近出现的"养老综合体"也引人关注。

总投资三十多亿元的九如城养老养身社区，计划建设由养老院、医院、购物中心、食品基地、酒店、学校、公园、公寓等相互作用、高度集中的建筑群体，"提供养老养生一体化解决方案"，这就是"养老综合体"所包含的内容。

其实，"养老综合体"还是养老地产的一种形式。和九如城相似的养老地产在我国已有初步探索。比如，老人在浦东"亲和源"缴纳几十万元，办理会员卡，每月支付一定的管理费，就能享受从体检、康复到饮食起居的系列养老服务。嘉兴的"江南太阳城"主要为上海老人提供异地养老居所，针对交通和就医付费问题，小区实现了班车互通和两地医保报销对接。

作为一种新的养老地产形式，"养老综合体"是集高端住宅、商业地产和养老服务为一体的综合开发模式。这种模式将为养老行业提供新方向，为更多民间资本介入养老产业提供参照，从而为我国养老事业的发展开辟新的途径。

老人投资理财注意啥

文／孙宪超

面对五花八门的理财产品，加上某些工作人员天花乱坠般的介绍，很多老年人云里雾里无所适从。那么从专业人士的角度看，什么样的理财产品更适合老年人呢？

银行理财产品、国债是首选

"老年人投资理财应首先考虑安全性，要以稳为主，所以要优先考虑能防范风险的理财产品。"浦发银行的理财师刘禹表示，老年人更应该偏向购买固定收益类的产品，如银行理财产品、国债等。

而投资风险较高的股票，风险相对较大或是周期较长的分红保险等不适合老年人。一般的低风险银行理财产品通常都有锁定期，不能提前支取，因此一定要充分考虑流动性，最好将资金进行合理分配。"老年人购买理财产品一定要多到几家金融机构进行对比，多向工作人员咨询，千万不要自以为是。"刘禹说。

专家表示，既然是养老钱，安全性最重要。老年人将养老钱存入银行或用来购买国债、固定收益的银行理财产品等投资比较妥当，虽然这种方式比较保守，利息也不是很高，但收益却是既稳妥又无风险的，是以保障其大额投资成功为第一目标的。建议老年人用于进行理财的资金不要超过70%，即便个别老年人的家庭条件较好，抗风险能力相对较高，那么用于股票投资、收藏投资等的资金也不宜超过10%。专家建议："随着年纪的增加，老年人用钱的地方有很多，因此一定要将30%的资金以活期存款的形式存在银行，以备不时之需。"

这些理财误区您有没有?

专家分析认为："老年人现阶段的理财热情空前高涨，但也存在明显的误区。"

误区一，很多老年人购买理财产品时瞒着自己的子女。其实，相较老年人而言，年轻人接触和接受新鲜事物的能力比较强，往往能对老年人的投资理财提出比较中肯的建议，规避一些不必要的风险。

误区二，很多老年人投资理财的思路过于保守，仅认可定期存款和国债，对于理财产品、基金等则通通排斥；即便利率高过银行的保本保收益的理财产品也不接受，等于放弃了使本金增值的机会。

误区三，少数老年人则过于激进，一味地去追求收益率，而不考虑理财产品的投资方向和风险等级，忽略了投资理财最根本的安全性。

误区四，很多老年人在购买理财产品时容易盲从，看别人买什么自己就买什么，而没有根据具体情况考虑是否适合自己。

误区五，多数老年客户不会进行年化收益率的转化。结果，当理财产品到期后发现收益率并非如自己预期的那样，就会感觉上当受骗。

《权益保障法》解读

文/老 博

原文：老年人的婚姻自由受法律保护，子女或其他亲属不得干涉老人离婚、再婚及婚后的生活。赡养人的赡养义务不因老人的婚姻关系变化而消除。（出自《中华人民共和国老年人权益保障法》第二十条）

解读：目前单身老人再婚率极低，其中一个很重要的原因就是子女干涉老人再婚的现象较为普遍。子女反对不仅是因为感情上无法接受，更重要的是出于经济利益考虑。

案例：二十多年前，孟大娘的老伴去世，此后老人一直单身。三年前，孟大娘结识了丧偶多年的王大爷。经过考虑，两位老人准备结婚，但双方子女知道此事后都表示反对。

其实，王大爷心里明白，儿女们考虑的是他的房产，还有他每月四五千元的退休金。今年年初，王大爷打听到公证处可以办理婚前财产公证。于是，他决定进行婚前财产公证。这一想法得到儿女的同意。于是，两位老人在办理了"承诺百年后，财产归各自所有，互不侵犯对方子女权益。双方子女也必须承诺，同意两位老人结婚，百年以后互不找对方麻烦"的公证后，领取了结婚证书。

失独后，财产纠纷怎么办

文／钱朱建

儿子名字上产证，前妻前来分遗产

家住普陀区的邱石是一名出租车司机，十几年前和妻子离婚后，邱石一个人拉扯儿子长大，从此再未结婚。对邱石来说，儿子就是他的全部。尽管家里条件不好，但邱石宁可自己辛苦加班，省吃俭用存钱，也从不肯让儿子受一点委屈。眼看儿子从职校毕业还没找到工作，邱石几乎动用了身边所有的社会关系，为儿子张罗。

考虑到儿子已经二十多岁，邱石又开始为儿子的婚房操心。邱石和妻子离婚后，和儿子住在普陀区一套一室一厅的小房子内，房产证上是他一个人的名字。去年，邱石将这套房卖了八十多万，再拿出自己几十年辛苦攒下的 20 万元，在嘉定丰庄买了一套两室一厅的房子。用邱石的话说，有了这两室一厅，儿子才有了谈女朋友的资本。为了这套房，邱石花光了所有钱，房子装修时只能向姐姐借了十万元。

然而，就在这位单亲爸爸带着儿子搬进装修好的新家不到三个月，邱石的儿子却在一天回家途中因交通意外死亡。由于事发路段没有监控，而事发又在深夜路人稀少之时，这起意外至今仍是无头悬案。

痛失爱子，让年过半百的邱石几乎崩溃，久久不能自拔。每天下班回家，成了邱石最痛苦的事，因为只要看到新房，他就忍不住想到儿子。为此，亲戚朋友都劝他卖掉新房，换个地方住。然而，邱石在卖房的过程中却碰到一件麻烦事。原来，在购置这套两室一厅的新房时，邱石将儿子的名字也加在了房产证上。一方面是因为他爱子心切，另一方面也是希望今后将房子顺利移交给儿子，省去继承中的部分税费。

然而这样一来，这套房子的一半产权就属于邱石的儿子，在他意外离世后，这部分产权就成了他的遗产，要由邱石和他的前妻共同来继承。尽管邱石心里一百个不情愿，但按法律规定，前妻不同意，他就无法将房子过户，离开这伤心地。最终，经过法官和律师协调，邱石补偿给前妻25万元。"一个名字值25万，房产证上的名字真不是随便能加的。"走出法庭的邱石长叹一口气。

失独后担心再失财，婆媳翁婿频上法庭

张静是一家知名商业银行的中层干部，经过多年努力，积累了不少财富。其名下有两套房产，还有股票、基金、保险等财产。去年，张静被诊断为癌症晚期，在弥留之际，最让她放心不下的就是年仅八岁的女儿。

为了防止丈夫变心后，女儿得不到自己的财产，张静在辞世前留下一份代书遗嘱。在遗嘱中，张静将名下财产一分为二，一半留给女儿，另一半留给父母养老。为了制约丈夫，张静还特别在遗嘱

中约定，尽管遗产一分为二，但都归父母监管。

在张静辞世后，张静的父母发现，女婿将女儿银行账户上的50万元存款都转走了。这加剧了两位老人的担心，他们将女婿和外孙女同时告上法庭，要求按女儿遗嘱的意思，继承女婿和外孙女名下的遗产。"我们一把年纪了，要这些钱也没用，但不能让外孙女将来受苦。"张静的父母在起诉时强调，自己这么做是为了让九泉之下的女儿安心。

然而，家庭财产纠纷却割断了亲情。最终，在律师建议下，老人从亲情出发，双方达成了调解，避免了因金钱而彻底隔断亲情。

上海市律协法援研究会主任、上海老年维权十大标兵律师李东方指出，要避免此类纠纷和困扰，中、老年朋友应对自己名下财产进行合理规划和分配。一旦因意外、生病等原因造成失独，老人往往长时间沉浸在悲痛中，无暇顾及保险理赔、财产清算交割等具体事宜。此时，这些事宜应该委托信任的人办理，并要掌握核心信息，在放弃财产时一定要慎重。

如果已经因财产问题发生纠纷，老人要退让一步，特别是在亲生子女走后，要搞好和姻亲亲属的关系。作为女婿或者媳妇，也应充分考虑老人的感受，凡事以和为贵。

老人应该如何订立遗嘱

文／李颖珺

作为一个处理过不少家庭纠纷包括继承纠纷的律师，我建议老人家趁自己身体和精神状态尚可时，尽早订立遗嘱，并进行公证。尤其是有一定财产，家庭关系较为复杂的老人，更应该及时订立遗嘱。否则老人一旦离去，家人可能会卷入旷日持久的诉讼战争中，耗费大量的时间精力和金钱。更为致命的是，严重伤害家人感情，甚至使整个家族分崩离析。

《中华人民共和国继承法》规定，无民事行为能力和限制民事行为能力人不能进行民事法律行为，包括订立遗嘱。如果老人家患上重疾，神志不清甚至陷于昏迷时，就无法订立合法有效的遗嘱了。

遗嘱的形式按照《中华人民共和国继承法》的规定，遗嘱从形式上分为公证遗嘱、自书遗嘱、代书遗嘱、录音遗嘱、口头遗嘱。公证遗嘱是遗嘱人委托公证机构对遗嘱进行公证。自书遗嘱是遗嘱人亲笔书写的。代书遗嘱就是有两个以上见证人在场，其中一人代写，并由代书人、其他见证人和遗嘱人签名的。录音遗嘱就是有两个以上的见证人在场，遗嘱人亲自口述遗嘱内容，进行录音。口头遗嘱是两个以上见证人在场见证，遗嘱人口述遗嘱内容。口头遗嘱是一种特殊形式，只适用危急情况下，若事后遗嘱人能够用其他的形式订立遗嘱，则口头遗嘱无效。毕竟口头遗嘱难以证明其内容，极易引起纠纷。上述几种方式中，代书遗嘱、录音遗嘱、口头遗嘱都必须有见证人在场。而继承法对遗嘱见证人有严格的范围限制，无行为能力的人、限制行为能力人、继承人、受遗赠人、与继承人或受遗赠人有利害关系的人，均不能作为遗嘱见证人。

笔者建议老人采取公证遗嘱的形式。为什么呢？虽然遗嘱并非公证过才生效，但是自书遗嘱的真实性容易受到质疑。比如说，对遗嘱内容不满的亲人会质疑，老人的签名是否真实，老人是否受到威胁或欺诈，不是出自老人真实的意愿。而公证机关作为第三方社会机构，具有独立性和权威性，审查确定行为人的身份和意愿均为真实，提供的材料客观、齐备，才会出具公证书。公证过的证据或文书，基本无法推翻（除非有充足证据，证明公证确实有误）。

遗嘱的内容

遗嘱没有统一的格式，但在实践中，通常包括以下几个部分：第一，标题。写明"遗嘱"或者"××××遗嘱"。第二，遗嘱人的身份情况。写明遗嘱人的姓名、出生年月日、身份证号码、住址。第三，立遗嘱的原因或目的，例如，"本人立此遗嘱，对自己所拥有的财产作如下处理"或"因本人年事已高，身体欠佳，特订立遗嘱如下"。第四，对财产的处理，应写明财产的名称、数额及其所在地等具体情况，由谁继承多少份额或者遗赠给谁（赠给法定继承人之外的人为遗赠）。财产包括房屋、车辆、存款、股票基金、股权、珠宝古董等等。注意，必须是遗嘱人合法拥有的个人财产，不能处分他人的财产，包括夫妻共同财产中属于配偶的份额。第五，指定遗嘱执行人，写明遗嘱的份数及保管情况。第六，落款：立遗嘱人（见证人、代笔人）签名，并写明立遗嘱的时间、地点。

遗嘱的效力

什么情况下遗嘱无效呢？第一，无行为能力人或限制行为能力人所立的遗嘱无效。第二，受胁迫、欺诈所立的遗嘱无效。第三，伪造或被篡改的遗嘱无效。第四，剥夺缺乏劳动能力又没有生活来源的法定继承人的继承权的无效。打个比方，若配偶或某个子女身患重疾，没法工作，也没有其他收入，遗嘱人就必须给其分配一定的遗产，以维持其日常生活（法律没有规定具体的数额或比例）。

若先后订立了几份遗嘱，应以哪一份为准？有两个原则：第一，后订立的优于先订立的，即若数份遗嘱内容有抵触的，以最后订立的遗嘱为准。第二，公证遗嘱的效力最优，其他形式的遗嘱均不能撤销或变更公证遗嘱。即如果订立了公证遗嘱，想全部推翻或改变其中的内容，必须重新公证一份遗嘱。

结尾语：

老人应摆脱传统迷信观念的影响，不要认为订立遗嘱不吉利。如果怕遗嘱引起家人的争执，可以向家人隐瞒订立遗嘱一事，而将遗嘱交给家族长辈或领导老友之类信得过的人保管。公证过的遗嘱，公证处也有存档。遗嘱保证每个人可以按照自己的意愿分配财产及处理后事，是社会文明进步的体现。

（作者系广州金鹏律师事务所律师）

意外伤害维权，老人防五陷阱

文／老 博

人到老年，体力、视力、免疫力均有较大的下降，日常生活又难免遭遇种种意外伤害。而相关责任者明明存在各种各样的过错，却千方百计设置误区，推卸、逃避责任。下面的案例或许能给受害老人维权提供有力的警示与帮助。

陷阱一：老人被电线绊倒，只能找肇事者赔偿？

69岁的马阿姨散步回来，因天黑，一不小心被小区一处脱落的电线绊倒（后来查实，该电线系某宽带运营公司在小区内设置的有线宽带电线，当日因一家装修公司在为小区一栋楼房安装保温板时将电线碰落在地），导致胯骨骨折。马阿姨找现场装修公司赔偿，对方虽口头答应，可第二天结束施工后就没了踪影。马阿姨找宽带公司，回答说谁给你造成伤害的找谁赔。

维权提示：

造成马阿姨摔伤的直接侵权人是装修公司，但是，引发事故的电线归宽带运营公司所有。此种情形下，马阿姨即可依据《侵权责任法》第六条"行为人因过错侵害他人民事权益，应当承担侵权责任"之规定，要求装修公司承担过错赔偿责任；也可以依据《侵权责任法》第八十五条关于"其他设施脱落、坠落造成他人损害，所有人、管理人或者使用人不能证明自己没有过错的，应当承担侵权责任"之规定，要求宽带公司承担赔偿责任。因为宽带公司对自己的线路负有日常维护的义务，并保证自己的电路线不会给他人造成人身或财产方面的伤害。可以说，此次事件的发生，装修公司和宽带公司均有过错。当然，宽带公司赔偿后，可向碰落电线的装修公司追偿。

陷阱二："自理级别"老人摔伤，养老院可不担责？

经儿子何程联络，78 岁的何老伯入住某老年公寓。因相信自己的身体还好，何老伯不听儿子说服，决定以低价选择"自理级别"服务。2012 年 6 月初的一天晚饭后，老人到公寓浴池洗完澡，急着回三楼寝室时，走到 2 至 3 楼楼梯处不慎摔倒，导致心脏病发作，经抢救无效身亡。事后，何程找到该公寓，要求其承担相应的过错损害赔偿责任。该公寓则认为，何老伯为节省费用，选择的是"自理级别"，公寓主要是提供吃、住等基本服务即可，生活起居均应自理，更何况老人是自己注意不够，绊倒在楼梯上摔亡，公寓不存在任何过错，不应承担赔偿责任。

维权提示：

选择"自理"级别，并非一切均应自己护理，也不意味着公寓在老人洗澡后可以免于看护。老年公寓作为专业护理机构，较之普通机构和常人应有更高的注意义务，以避免因疏忽而给老人造成伤害。无论入住者选择哪个"级别"服务，确保被服务对象的人身安全是老年公寓的基本责任。结合本案，公寓在安全保障义务方面存在瑕疵：一是何老伯洗浴后已经很疲乏，本应稍事休息，而老人不作任何休整，直接爬楼梯上楼，对于这种存在安全隐患的情形，公寓护工却放任老人独自回房间，疏于履行勤勉勤奋注意义务，致使老人摔亡；二是将78岁老人安排在没有电梯的三楼居住，存在一定的安全隐患，也存在着未尽安全保障义务的瑕疵。倘若公寓对上述瑕疵加以调整或稍加注意，意外事件完全可以避免。因此，公寓应对于老人的死亡承担一定的（次要）损害赔偿责任。

陷阱三：老人意外伤亡，应按协议约定处理？

73岁的陈奶奶入住某个体女子养老院时，院方提出凡年龄过70岁者，双方所签订的寄养合同均约定："由于老人生命体征脆弱，不可抗力因素较多，若因院方难有预见和把握的意外伤害，院方不承担责任。"并要求其入住者及子女同时在合同上签字。想到别人都是如此办理的，陈奶奶及女儿均在合同上签了字。2012年4月的一天下午，陈奶奶在公寓室外花园凉亭休闲时，因所坐石凳不稳，陈奶奶倾倒摔伤致左手腕骨折。陈奶奶的女儿认为母亲是在公寓摔伤的，公寓应承担赔偿责任。可公寓以事先有约在先拒绝担责。

维权提示：

陈奶奶与公寓所签订合同中"若因院方难有预见和把握的意外伤害，院方不承担责任"之约定，因该条款属于加重对方责任、免除自身责任的格式条款，当属无效条款。此种情形下，公寓是否承担责任，关键是看其是否存在过错。导致陈奶奶摔伤的原因是公寓室外花园凉亭石凳不稳，而它的所有人、管理人均是公寓，石凳不稳存在安全隐患，公寓没有及时发现并维护是其主要责任。依照《侵权责任法》第八十五条规定：建筑物、构筑物或者其他设施及其搁置物、悬挂物发生脱落、坠落造成他人损害，所有人、管理人或者使用人不能证明自己没有过错的，应当承担侵权责任。因此，陈奶奶的损害应由该公寓全额赔偿。

陷阱四：无人让座老人摔伤，后果只能自负？

71岁的刘奶奶年老体弱，有白内障，乘坐公交车时见无空座位，她请求司机帮忙找个座位，可司机表示无能为力。结果尽管车速不快，老人因站立时间过长不慎跌倒，左手触地时腕部骨折。事后，老人向公交部门提出赔偿损失要求。对方回答说：公交车属于正常行驶，又没有发生任何公交车事故，是老人自己不小心受的伤，公交车没有责任。

维权提示：

公交公司应承担相应的过错赔偿责任。公交公司存在两个方面的过错。一是违反了运输合同义务。乘客一上公交车就与客运方形成了运输合同关系。依照《合同法》第二百九十条规定：承运人应当将旅客安全运输到约定地点。第三百零二条规定：承运人应当对运输过程中旅客的伤亡承担损害赔偿责任，但伤亡是旅客自身健康原因造成的除外。而刘奶奶虽然年老体弱，但摔伤的根本原因是无座位、站立时间过长，公交公司未能尽到"将旅客安全运输到约定地点"的义务。二是既然车上设有老幼病残专座，应视为公交公司对老幼病残做出的一种特别服务承诺，一项合同义务。当刘奶奶因身体不好需要特殊照顾时，司乘人员有责任义务对老幼病残者兑现承诺，协助其找座，并进行安全提醒，以保障其乘车安全，否则就是违约行为，故应承担相应的赔偿责任。

陷阱五：排队过长晕倒摔伤，超市无责任？

一天，周老伯参与某超市迁址重新开业优惠购物活动。因购物顾客过多，结算收银台过少，他等待了二十多分钟后突然晕倒，左脚摔伤骨折。事后得知，超市本来有二十多个收银台，可只开了十余个，而且排队中，不停有顾客插队也不管，导致周老伯排队时间被无限延长。事后，他找超市要求其承担相应的赔偿责任，超市以他是自己晕倒为由予以拒绝。

维权提示：

超市存在两个方面的过错：一是收银台数量与服务质量未达到法定标准。依照《超市购物环境标准》的要求，超市要根据卖场的面积和客流量设置收银台数量，超市的面积和收银台的数量应以200∶1的比例设置。也就是说，如果超市面积在5000平方米以上，收银台至少要有25个。若达不到此标准或为了降低人工成本让部分收银台"歇工"，都将属于尽安全保障义务存在瑕疵与过错。二是当有消费者乱插队侵害其他消费者利益时，超市负有维持秩序的义务。若是不管不问，就是未尽安全管理上的责任。因此，超市应承担相应的过错赔偿责任。

老年博览
2013年度精选

养生 保健
学会当自己的医生

顺应自然，春宜养肝

文／王凤歧

中医五行理论认为，春季万物萌生，正是调养身体五脏的大好时机，春天五行属木，五脏之中与肝相对应。肝喜条达舒畅，若肝失疏泄，体内阳气就升不起来，故春季补五脏应以养肝为先。

菜花黄，疯子忙

民谚有"菜花黄，疯子忙"之说就是说菜花黄的时候即春季，也是精神疾病的高发期。为什么这么说呢？我们听说过"魂不守舍"这个词，就是说"魂"不老老实实待在自己的"屋子"里，非要跑出来。中医认为"肝藏血，血舍魂"，肝血若充足，"魂"有舍就不会游离；若肝血不足，"魂"就会跑出来。人的思想自然就难以集中，老走神。夜里睡觉时也爱做噩梦、说梦话。

夜卧早起，升发阳气

中医养生讲究"天人合一"，立春后自然界的寒气渐渐减少，阳气开始回升，人体的"生物钟"自然也应该与之相适应。单从作息时间上来讲，就要做出适当的调整，由冬日的"早卧晚起"改为

"晚卧早起"。就像一句流传已久的养生民谚中说的那样："立春雨水到，早起晚睡觉。"

同气相求，种子养肝

说到养肝，还是先从吃说起。吃什么呢？吃植物的种子。别看种子小，它却是生命浓缩的结晶。种子属木，肝也属木。中医有"同气相求"的说法，春天吃种子，便可以将种子中的能量转化成药力，从而起到培补肝脏的效果。生活中常见的种子有玉米、小麦、薏米、绿豆、红豆、芝麻等。除了种子外，一些芽类蔬菜，如豆芽、春笋、莴笋、香椿芽等也都是不错的选择。

按摩涌泉，固精融血

涌泉为肾经上的穴位，为什么能养肝呢？中医有个观点，叫"虚则补其母"。肝五行为木，肾五行为水，水生木，所以肾为肝之母，肝木虚时，就要补肾。涌泉穴位于人体足前部凹陷处，第二、三趾趾缝纹头端与足跟连线的前1/3处，为全身俞穴的最下部，是肾经的首穴。刺激涌泉的方法很多，可按摩，也可艾灸或是敷贴。最常用的就是用手心搓脚心，一直搓到皮肤发红，有微热感为止。因为手心是劳宫穴的位置，这样可使心肾相交。记住，最好是在泡完脚之后。我国有首关于泡脚的民谣是这样说的："春天洗脚，生阳固脱；夏天洗脚，暑湿可祛；秋天洗脚，肺润肠濡；冬天洗脚，丹田温灼。""生阳固脱"就是说可以升发肝阳，固摄住阳气使其不外散。再加上足底按摩，便可起到双管齐下的效果。

春困，常揉"自醒"穴

文／康　静

明媚三月，人们常感春困乏力，这时，可以揉捏以下穴道。

攒竹穴

位于面部，眉毛内侧边缘凹陷处。常常点按此穴，可排解体内的郁气，使气血畅通，从而起到消除头脑昏沉以及醒脑提神的作用。

太阳穴

位于眉梢和外眼角之间向后约一横指凹陷处。常常按揉此穴，不仅能提神，还可缓解头晕、头痛、眼睛干涩等症状。

百会穴

位于头顶正中央处，即头部前后正中线与两耳尖连线的中点处，常常按揉此穴，可提神醒脑、升举阳气。

玉枕穴

位于人体的后头部，当后发际正中直上，平枕外隆凸上缘的凹陷处，左右各一。常常揉捏此穴，可排解体内的郁气，使气血畅通，从而起到消除头脑昏沉以及醒脑提神的作用。

肩井穴

此穴的位置是在脊柱上端凸起骨头到肩外侧凸起骨头连线的中间点，即大椎穴与肩峰连线的中点。常常按揉此穴，可达到通经活络、醒脑开窍以及消除疲劳的作用。可自己按揉或请人捏拿。

大椎穴

位于第七颈椎棘突和第一胸椎棘突之间。经常按揉摩擦此穴，有醒脑明目、松弛全身的作用。

中冲穴

位于双手中指末节尖端中央。常常揉捏此穴，可排解体内的郁气，使气血畅通，从而起到消除头脑昏沉以及醒脑提神的作用。

足五里穴

位于人体的大腿内侧。常常揉捏此穴，有固化脾土、行气提神的功能，从而起到消除嗜卧、四肢倦怠、肌肉痛、胸闷气短、头脑昏沉以及醒脑提神的作用。

春末夏初注意疾病的预防

文／郭庆伟

春末夏初，季节交替，气温逐渐升高，人们的饮食量和睡眠时间相对减少，人体的水分失去较多，身体抗病能力有所减弱，极易引起各种疾病。因此，应注意一些疾病的预防。

一、预防食物中毒

食物中毒是指食用被细菌、毒素污染的，或食用含有毒物质的食品后引起的急性感染性或中毒性疾病。临床上主要表现为恶心、呕吐、腹痛、腹泻等胃肠道症状，还可表现为神经系统、造血系统紊乱等症状，严重者可危及生命。

春末夏初必须遵守以下饮食原则：新鲜，清洁。如瓜果应彻底清洗，最好去皮后再吃，储存场所、容器应保持清洁。尽量避免在路边小摊吃东西，做到不吃不洁腐败变质的食品和生食水产品。

二、预防肠道传染病

最常见的如细菌性痢疾，是由痢疾杆菌引起的一种急性肠道传染病。临床上表现为腹痛、腹泻，大便呈黏液、黏脓或脓血便，伴有里急后重，部分病例可出现发热等症状，病情严重的可出现中毒性菌痢。

该病主要通过水源、食物和日常生活接触传播。5—10月份为菌痢好发季节，发病随气温升高而进入高峰期。

注意饮食饮水卫生，做到喝开水，食用安全卫生食品，养成勤洗手等良好的个人卫生习惯。患病时应及时去医院治疗。

三、预防呼吸道传染病

春末夏初正是呼吸道传染病的高发季节，如麻疹、风疹、流感等。该类疾病是由病毒感染引起，通过呼吸道传播，传播速度快，波及范围广。

预防该类疾病主要是保持室内自然通风，少去拥挤和通风不良的场所，保持居室的环境卫生。接种麻疹、风疹、流感等疫苗是预防呼吸道传染病的有效方法。一旦发现连续高热，就应及时就医。

四、注意用眼卫生，谨防红眼病

医学上称红眼病为急性结膜炎。常见于春末夏初，多是双眼先后发病，早期双眼发烫、畏光、眼红、滚痛，像进入沙子般难忍，紧接着眼皮红肿、怕光、流泪，早晨起床时，眼皮常被分泌物粘住，不易睁开，严重的可伴有头痛、发热、疲劳、耳前淋巴结肿大等全身症状。传染性强，发病快，主要是接触传染，通过手、毛巾、水等传播方式，在公共场所和人与人之间传播。

预防红眼病，健康人应注意用眼卫生，清淡饮食为宜，避免饮酒，一旦发病应积极治疗。病人所用的脸盆、毛巾、手帕等必须与他人分开，不要使用公用毛巾和脸盆。患病期间要避光避热，出门时可戴太阳镜，避免阳光、风、尘等刺激。

五、注意饮食保健

多吃瓜类蔬菜。春末夏初正是瓜类蔬菜上市旺季，可以多吃冬瓜、黄瓜、丝瓜、南瓜、苦瓜、西瓜等，除补充人体的水分外，瓜类蔬菜都具有高钾低钠的特点，有降低血压、保护血管的作用。

多吃凉性蔬菜。凉性蔬菜有利于生津止渴、除烦解暑、清热泻火、排毒通便。如番茄、茄子、芹菜、生菜、菠菜、芦笋等。

多吃"杀菌"蔬菜。夏季气温高，病原菌滋生蔓延快，是疾病尤其是肠道传染病的多发季节，这时多吃些"杀菌"蔬菜，可预防疾病，如：大蒜、洋葱、大葱、蒜苗等。这类蔬菜含有丰富的植物广谱杀菌素，对各种病原菌有一定的灭杀和抑制作用。

多吃水果，有利于补充水分、糖分以及维生素等。

四种食物抵御花粉过敏

文／常怡勇

在春暖花开的季节，有些人总会感到鼻、眼奇痒难忍，喷嚏不断，流涕、流泪不止，有的人还会出现头痛、胸闷、哮喘等症状，这些人多是患上了花粉过敏症。抵御花粉过敏需要远离过敏原，必要时采用抗过敏药物治疗。近年发现花粉过敏与饮食密切相关，正确掌握饮食宜忌有助抵御花粉过敏症。

蜂蜜

美国免疫学专家认为，蜂蜜对花粉过敏很有效。如果坚持每天喝一勺蜂蜜，连续服用两年，就能安然度过花粉过敏高发的春夏两季。其治疗机理有二，一是蜂蜜中含有的微量蜂毒起作用，它是医生用来治气管哮喘等过敏性疾病的"天然药物"之一；二是因为蜂蜜中含有一定的花粉粒，人体习惯以后就会对花粉过敏产生一定抵抗力，这和"脱敏疗法"的原理是一样的。

大枣

日本学者研究发现，红枣中含有大量抗过敏物质环磷酸腺苷，他们建议过敏者多吃红枣，水煮、生吃都可以，每次 10 颗，每天三次。用黑木耳 50 克加大枣 30 颗炖熟，有治疗过敏性紫癜的功效。不过，大枣不要与胡萝卜或黄瓜一起吃，否则会破坏其中的维生素 C。此外，大枣含糖量高，性偏湿热，所以有蛀牙并且经常牙痛、便秘患者不适合吃。

金针菇

新加坡研究人员发现，金针菇菌柄中含有一种蛋白，可以抑制哮喘、鼻炎、湿疹等过敏性疾病，即使没有患病也可吃金针菇来加强免疫系统。研究者希望以后能把金针菇中的蛋白做成滴剂或者面膜，贴（或滴）在鼻孔里来治疗过敏。

胡萝卜

日本专家发现胡萝卜中的 β- 胡萝卜素能调节细胞内的平衡，有效预防花粉过敏症、过敏性皮炎等过敏反应。

学会当自己的医生

文／于长江

心脏病患者在手术后，仍需要长时间甚至终生的药物治疗。但医生只能在门诊给予指导，大部分的治疗其实是患者自己掌握的。也就是说，患者在出院后就要自己给自己当医生了。但是这些新上任的"医生"总有几笔糊涂账理不清，让我来帮大家"扫盲"。

看不懂的出院小结

出院小结是一份很重要的资料，每个患者必备。常有患者拿着夹杂许多英文的出院小结跑来问："为什么出院小结上要写英文呢？"其实，这些英文是心脏病国际通用的英文缩写，因为心脏病的中文名称特别长，不便阅读，所以国际惯例是用英文缩写来记录疾病的诊断、手术的名称等，便于记录和查看。

莫名其妙的发热现象

术后莫名其妙的发热也是很多患者会遇到的情况，有的患者甚至每天都发热。导致这种现象的原因主要有四个：切口愈合不良引起的；少量胸腔积液或心包积液引起的；普通感冒或其他部位的炎症引起的；心内膜炎（即心内感染）引起的。患者一旦出现持续发热，就要马上到医院复查，或在当地医院检查（伤口情况、血常规、感染指标、胸片、心脏彩超等）。

搞不懂的拆线时间

手术后有的患者很快拆线了，其他未拆线的患者就不明白了，怎么我出院很久了却不给拆？这是因为胸部切口愈合大约需要十天，而大多数患者在术后一周左右等不到拆线就出院了。而且手术切口线的颜色不一样，作用不同，拆线的时间也不一样。正中切口白色或蓝色的可吸收缝线可以不拆，术后一个月左右皮下的缝线吸收后，露在外部的线结会自己脱落，若一个月还没脱落，可找医生拆除；引流管拔出后，原管口黑色的缝线是必须要拆除的，拆线时间从拔管开始计算，需要 8 ~ 10 天，提前拆会导致切口愈合欠佳；蓝色或红色的起搏导线则一般在出院前拆除。

眼花缭乱的复查项目

术后复查是一个必选项。复查分早期、中期、晚期三个阶段。早期复查要在出院后的 3 个月内进行。第一个月要求至少每周复诊一次，第 2 ~ 3 个月要求至少每两周复诊一次。项目为抽血和体检，目的是为了调整药物用量和及时发现异常。中期复查在手术后三个月左右，主要是检查心脏彩超、心电图、胸片等，明确手术效果。远期复查一般每半年或一年一次，主要是检查心脏彩超、心电图、胸片等，明确有无病情变化及进展。另外还包括每个月一次的凝血指标检查。

转基因食品八个疑问

文／翦 康

　　最近，一则"转基因玉米致癌"的新闻在社会上引起强烈反响，继"黄金大米"之后，转基因食品又一次被推上舆论的风口浪尖。但有关调查显示，尽管转基因食品一直备受关注，但真正了解它的人并不多。下面是有关专家对老百姓关于转基因食品的常见疑问进行解答。

什么是转基因食品，从什么时候开始面市的？

　　中国农业大学食品学院院长罗云波指出，转基因技术是利用现代分子生物学技术，将某些生物的基因转移到其他物种中去，改造它们的遗传物质，使其在性状、营养品质、消费品质等方面向人们所需要的目标转变的技术。这种以转基因生物为食物或原料加工生产的食品统称为转基因食品。1994 年，美国第一例转基因番茄被批准商业化。

为什么会有转基因食品？

　　转基因技术能够解决传统育种所遇到的瓶颈问题，有目的地把需要的基因转移到被改造的作物上。转基因技术为人类改良农作物品种、提高粮食生产的效率提供了更为广阔的途径。罗云波指出，与传统玉米相比，转基因玉米有很好的抗虫性和抗病性，减少了虫害和农药残留，节约了生产成本。

杂交水稻是转基因食品吗？

转基因技术与杂交技术一样，都是通过基因转移培育具有优良性状的作物，区别在于杂交育种是通过同种生物体内的基因相互交流的方式来实现优势互补。在杂交过程中基因以"批量"形式进行转移，而转基因技术目标性强，可实现跨物种间的特定基因转移。袁隆平所研制的高产水稻属于杂交，不是转基因食品。此外，市场上出现的小黄瓜、小番茄等也都不属于转基因食品。

转基因食品安全吗？

到目前为止，没有发现已批准的转基因食品对人体健康有任何不良的影响。罗云波指出，转基因食品在走进市场前是进行过严格安全评价的。应该说我们能够买到的转基因食品是安全的，可以放心食用。转基因只是改变了作物的基因，这些被改变的基因吃进人体内，也跟其他基因一起被消化掉，不会改变人的基因。

为什么会有很多人反对转基因？

虽然现在转基因食品是安全的，但毕竟转基因是一门新技术，它对人体健康和生态环境的长期影响还不敢确定。其次，人们对它的原理缺乏真正科学的了解，加之社会上的一些主观臆想和猜测，认为转基因违背自然规律，还有贸易保护、商业竞争、宗教信仰等因素，故而仍有相当一部分人反对转基因食品。

现在中国市面上有哪些转基因食品？

目前，我国市面上的转基因食品分为两种：一种是我国批准用于商业化生产的转基因农作物，包括番木瓜、甜椒、番茄、水稻和玉米，其中常见的甜椒和番茄由于过时已不再生产，水稻和玉米还没有商业化生产；另外一种情况是我们国家用于进口加工原料的转基因农产品，包括大豆、玉米、油菜，其中最常见的就是转基因大豆油。

国外也有转基因食品吗？

有数据显示，2010年有29个国家种植转基因作物，有更多国家允许进口转基因作物用于食品、饲料，这些国家包括德国、比利时、日本、西班牙等，占世界总人口的75%。美国是世界第一大转基因食品生产国和消费国，当然，也有少数国家不许可其生产和销售。美国普度大学农业与生物系食品工程专业博士云无心撰文指出，美国的食物除非特别说明，否则都默认含有转基因成分，美国转基因作物产品有转基因大豆、玉米、油菜、木瓜等。

怎样知道食品是否是转基因食品？

中国农业大学食品学院副教授范志红指出，按我国相关立法，若产品的主要原料中含转基因成分，应当在包装上加以注明。如果消费者不想购买转基因食品，一定要认真阅读食品标签，如买大豆油时，往往会看到小字标注"原料是转基因大豆"。但若加工食品中含有转基因产品配料，却没有规定必须注明。如美式快餐店里的薯条，用的大都是转基因马铃薯品种；点心里的油脂，饭店里的烹调油，往往是转基因油。所以在外就餐、购买加工食品时，遇到转基因食品成分的机会较大。相比之下，买国产果蔬（除番木瓜）、用花生油等来做烹调，几乎没有吃进去转基因成分的可能。多吃中国的杂粮杂豆，如小米、红豆等，也不会遇到转基因成分，而且其营养价值高。

"八个调节"控血糖

文／孙连庆

从"治未病"的角度来讲，日常生活中做好糖尿病及其并发症的预防非常重要。调心，指的是要有平和的心态。要与人为善，平静耐心，有宽容之心，才会远离失眠、心烦和焦虑。调动，生命不息，运动不止。特别是对于糖尿病患者而言，运动是控制血糖的五驾马车之一，必须要"迈开腿"。所以，筋骨常活动，周身气血运行好对于防治糖尿病及其并发症的重要性显而易见。调吃，糖尿病人的合理饮食非常重要，饮食控制不好，血糖一定控制不好。所以糖尿病人一定要"管住嘴"，其关键是总量要控制，搭配要合理。也就是说吃到七八分饱，以清淡素食为主，注意荤素搭配和精细搭配。

中医学认为，糖尿病人可以多吃一些带苦味的食品，如苦瓜。现代药理学研究发现苦瓜中所含的苦瓜皂甙具有类似胰岛素的作用。调喝，糖尿病人早起可以喝一杯凉白开水，既可以通便，又可以稀释血液。平日多喝绿茶，可以补足水分，还可以利尿。醋酸可以使糖和脂肪充分转化为能量，防止体内脂肪过多堆积；有机酸则有利于维持人体内环境酸碱度的平衡和稳定，使各种代谢和生理功能得以正常进行。因此每天可以喝勺醋，能软化血管清理肠道。也可以把醋换成酸性的果汁，如山楂泡水、苹果汁等。可少量饮酒，活血化瘀，畅通血脉。调腹，便秘的危害人所共知。预防便秘，糖友可以每天揉肚子300下，即平躺在床上，用手以顺时针方向在结肠的体表部位，从腹部右下方盲肠的位置开始向上用力按揉升结肠，再横向向左按揉横结肠，再从左侧向下按揉降结肠，反复按揉，加强结肠蠕动。

早起喝一杯凉白开水（或蜂蜜水）也有通便的作用。平时多吃新鲜蔬菜、木耳、蘑菇等，也利于肠道的清洁。如果是严重便秘，应当遵医嘱服用通便药物，睡前服用效果较好。调排，排指的是排尿。要多喝水保证体内水分充足。不要憋尿，尽量在白天排尿，以减少对夜间休息的影响。如果出现尿急、尿频，甚至尿痛，可能是泌尿系统感染引起的，排尿困难则多为前列腺肥大所致，应及时就诊。调睡，充足的睡眠对于糖尿病患者来说非常重要。糖尿病患者可以每天睡一个子午觉，所谓子午觉就是子时与午时都应该睡觉，子时大睡，午时小憩，午觉缓冲，子觉休整。另外，为保证睡眠质量，睡前可以打坐半小时以静心，或用温水洗澡、泡脚。调泄，这里说的"泄"包括生理代谢和精神情绪上的宣泄。通过一定的方法和措施，如痛哭、倾诉、转移注意力等，将内心积郁的各种不良心理因素疏泄出来，是保持和促进健康的主要因素之一。

降压保健操

文／贺桑梓

共十节，采取坐姿、站姿均可锻炼，只需要十分钟即可做完全操。

第一节：预备动作

坐、站姿势均可，全身肌肉放松，练功时采用鼻吸口呼法。

第二节：按揉太阳

操作：以左右手食指螺纹面，紧贴眉梢与外眼角中间向后的一寸凹陷处，按揉太阳穴。

功效：疏风解表、清脑、明目、止头痛。

第三节：按摩百会

操作：用左或右手掌，紧贴百会穴（本穴在头顶，两耳尖连线的中央）旋转。

功效：宁神、清脑、降压。

第四节：按揉风池

操作：以双手拇指螺纹面按揉双侧风池穴（风池穴在颈后际两侧凹陷处）。

功效：安神、清脑、除烦。

第五节：摩头清脑

操作：两手五指自然分开，用小鱼际从前额向耳后分别按摩。此节动作涉及按摩眉冲、头临泣、头维、攒竹、鱼腰、阳白、四白、翳风及耳穴降压点等穴。

功效：舒筋通络，平肝息风，降压、清脑。

第六节：擦颈降压

操作：先用左手大鱼际擦右颈部胸锁乳突肌，再换右手擦左颈。

功效：解除胸锁乳突肌痉挛、降压。

第七节：揉曲降压

操作：先用右手再换左手，先后按揉肘关节屈肘尖凹陷处的曲池穴。

功效：清热、降压。

第八节：揉关宽胸

操作：先用右手大拇指按揉左手内关穴（内关穴在腕横两横指，两筋之间），再换左手按揉右手内关穴。

功效：舒心、宽胸。

第九节：导血下行

操作：分别用左、右手拇指同时按揉双肢小腿足三里穴（本穴在外膝眼下四横指外侧凹陷处）。

功效：揉里治本、健脾和胃、导血下行。

第十节：扩胸调气

操作：两手放松下垂，然后握空拳，屈肘抬起，提肩向后扩胸，最后放松还原。如站势扩胸时，可同时左腿屈膝提起，还原时落地，再换右腿屈膝提起，最后放松还原。

功效：舒心、宽胸、畅气。

夏日六节气养生之道

文/李 杨

夏季六节气有立夏、小满、芒种、夏至、小暑、大暑。中医指出,不同节气养生侧重点不同,立夏"护心",小满"未病先防",芒种"护神",夏至"保护阳气",小暑注意"自我养护",大暑须"防暑"。

立夏心火旺,学会养"心"最重要

"立夏"养心,除了饮食注意外,还要保持心情舒畅,生活有规律,中午尽量午休片刻,让大脑保持一个充沛清醒的状态;也可以听听音乐,闭目养神,这也是一种简易又神奇的好方法。

"未病先防"从小满开始

小满节气,雨水多,天气闷热潮湿,一旦呵护不周,就会出现脸色发黄、嘴唇发白、腹胀、嗜睡、乏力、腹泻等消化功能减退的症状。

为此,小满养生需注意健脾化湿,做到"未病先防"。如果感到身体轻微不适,应该多吃清利湿热、养阴的食物,如红小豆、薏米、绿豆、冬瓜、黄瓜、黄花菜、荸荠、黑木耳、胡萝卜、番茄、西瓜、山药、鲫鱼、草鱼、鸭肉等，只要吃得清淡，就会有效。

芒种"清补"最适宜，西洋参茶赛仙丹

芒种时节，养生强调"清补"。比如，当大量出汗后，要适量补充果汁，改善体内钾、钠平衡，也可以熬些苦瓜汤、黄瓜粥、冬瓜茶来祛暑益气、生津止渴。

西洋参是夏季进补的常用之品，用其泡茶能降虚火、生津液、除烦倦，适宜酷暑盛夏时饮用。

方法：将西洋参切片，取 3 ~ 6 克，放入保温杯中，用沸水冲泡，盖上盖，泡 15 分钟左右，代茶频饮。脾胃有寒湿阻滞的老年人忌用。

夏至品"三叶茶"，清暑亦养心

夏至来临，可以喝一杯清暑养心的三叶茶。即常见的荷叶、竹叶、薄荷叶，各取 3 ~ 5 克，泡在一起喝；或任选其中一种（其中荷叶、竹叶取 5 ~ 10 克，薄荷叶取 5 克即可）单独泡茶喝。

荷叶可祛暑利湿，长期饮用，还能降血脂，治疗肥胖病；竹叶入心、肺经，《本草纲目》中说，"（竹）叶去烦热，利小便，清心"，而鲜竹叶最清暑养心，淡竹叶利尿作用甚强；薄荷叶也是夏日茶饮里少不了的佳品。

小暑练三伏，动静要相宜

俗话说："冬练三九，夏练三伏。"但是对老年人、体质较弱的

人来说，一味强调"夏练三伏"，就不太适合了，有可能引发全身发热、头晕、口渴、恶心等中暑症状。

当三伏来临时，老年人最好以静制动，并保持充足的饮水；保证充足的睡眠，利用午睡弥补夜晚睡眠之不足；外出时，身边最好备些人丹、十滴水、清凉油、藿香正气水等常规防暑药品；烹制菜肴也要以清淡、爽口为原则，多吃水果也有助于防暑，但不要过量，以免增加肠胃负担，甚至引起腹泻。

大暑饮食搭配要清淡

首先，一定要补足米饭、蔬菜、水果及肉鱼类食物，把身体正常所需的健康能量都储备齐了，身体才会强健。当然，为了更好地控制体重，饮食搭配一定要清淡，同时，还要多做运动，这样基础代谢稳固，精力才会旺盛，气色才会越来越好。

夏季补钙正当时

文／心　蕊

　　夏季是老人补钙最好的时节，不仅阳光充足，而且老人们穿着较少，适于阳光照射。皮肤经阳光照射后，体内产生维生素 D，有利于钙的吸收。另外，夏季室外活动较多，充分的活动和锻炼能够增加骨骼弹性和韧性，改善或减轻骨质疏松的症状。

　　首先，老人要保证从饮食中补充钙质，多食用含钙量较高的食品，如虾皮、精瘦肉、鱼肉、菠菜、豆制品、奶制品。部分老人伴有乳糖不耐受，饮用牛奶后出现腹泻、腹胀等不适症状，此类老人可选择喝酸奶、豆浆、奶酪。有人认为芝麻酱是最好的补钙食品，其实芝麻酱中含有大量的脂类物质，对长期患有高血压、冠心病、糖尿病的老人来说，用芝麻酱补钙，弊大于利。其次，适量服用钙剂也很重要，每天服用 1000 毫克，吃饭时服用效果最佳。

　　另外，运动对于改善骨质疏松尤为重要，老人每天要保证 1～2 小时的室外活动，散步、打太极拳、八段锦都是很好的运动方式，优于爬山和跑步。最后，老人每天要保证晒太阳，30 分钟即可，选择紫外线照射不是特别强烈的时候，如上午 9～10 点，下午 3～4 点，以免晒伤或中暑。

选对食物，清凉一夏

文／宋　颖

　　冬春交接的时候，冬天是那么舍不得走，致使立春以后暖意迟迟不来。当春风拂面，柳絮飞梨花、桃花争艳时，本以为可以春风化雨多享受一下温和湿润的气息，却不想夏天又急着来接班。温度的蹿高，使人们及早地脱去春装，换上了夏装，那一刻的凉爽，带给人们的是一身轻松。你知道吗，这样的舒爽也可以通过选对食物，来拥有一夏清凉。

推荐饮品一：薄荷绿茶

　　绿茶是人们平日经常饮用的饮品。绿茶中富含维生素 A、维生素 B 族等，含有钾、钠、钙、镁等矿物质，这些营养成分具有提神醒脑的作用，也可以在夏季补充体内水分的流失。绿茶中还含有大家熟知的茶多酚。茶多酚具有清除自由基的作用，是天然的抗氧化剂，可以延缓衰老，解毒消暑，降低血脂，防止血栓。

　　薄荷的嫩叶中含有挥发油，主要成分是薄荷醇、薄荷酮等。薄荷油具有发汗解热、利胆、抗炎镇痛的作用。薄荷中所含有的有机酸及黄酮类的化合物也具有抗氧化的作用，薄荷的清凉香气可以平缓紧张的情绪，起到提神的作用。

一杯清淡绿茶加上两片绿薄荷，不仅赏心悦目，也可让你神清气爽。

推荐饮品二：蜂蜜苦荞茶

很多人都认为苦荞茶是三高人群的宠爱，殊不知，苦荞茶也可以成为夏季你的最爱。

苦荞麦属于谷物，它富含黄酮类化合物，主要成分是芦丁，这是其他谷物几乎没有的。芦丁有利于胰岛素的分泌，可以双向调节血糖，生物类黄酮具有降压、降脂、降胆固醇的作用。苦荞麦含有维生素 B 族，其所含的烟酸能够促进消化系统健康，减轻胃肠负担。其所含的矿物质中尤以镁、钾、铁含量丰富，镁有利于心脏舒张，可以舒缓神经；钾具有调节渗透压的作用。苦荞麦中还含有苦味素、叶绿素。苦味素具有清热、降火和健胃的作用；叶绿素具有解毒、抗病强身的作用。

夏季沏一杯苦荞茶可以避暑消渴。如果觉得苦味重，可以加点儿蜂蜜，先苦后甜，乐得其所。

推荐菜品一：橙汁冬瓜条

炎炎夏日，在高温的炙烤下，难免心烦气躁，食欲下降。虽然人体在不断地散发热量，但若积存在体内的热过多，就容易中暑，这个时候身体的自我调节就会发生作用，会指引你选择清凉爽口的食物，来降低燥热感。

中医讲冬瓜具有性凉、味甘，清热解毒、减肥除烦的作用。冬瓜是夏季的时令蔬菜，所含的矿物质钾高钠低，有利于高血压患者。另外，冬瓜所含的丙醇二酸有抑制糖转化成脂肪的作用，是减肥的佳品。橙汁中含有丰富的维生素 C，可以美肤，抗氧化。

夏季可以将冬瓜切条，热水焯熟，过凉水后将冬瓜浸泡在浓缩的橙汁中，放入冰箱，腌制 10 ~ 15 分钟后就可以食用。在酷热难耐的夏季，酸酸甜甜的瓜条冰爽可口，顿时会让你感觉到一丝清凉。

推荐菜品二：苦瓜

民间有俗语"天热食苦，胜似进补"。苦味的菜能够刺激味觉神经，使人们增加食欲。苦味食物所含的氨基酸、苦味素等成分，具有提神醒脑、解暑祛热、消除疲劳的作用。

具有"君子菜"之称的苦瓜就是苦味食物的代表，而且苦瓜的别名"凉瓜"更适合夏季的特点，不曾食用光听这名字就给人一种舒服的感觉。

苦瓜所含营养成分丰富。其中的苦瓜甙和苦味素可以健脾开胃，促进食欲；所含的生物碱类物质奎宁有利尿活血、消炎退热、清心明目的作用。

苦瓜的吃法很多，可凉拌、可蘸酱、可清炒，也可苦瓜炖肉。选择"君子菜"将是你战胜盛夏的明智之选。

推荐水果一：西瓜

夏季除烦止渴清热的水果当属西瓜。西瓜水分多，汁甜，是夏天主要的水果，清凉解暑，利尿。因西瓜含有丰富的果糖、葡萄糖、氨基酸、苹果酸、维生素 C 等营养成分，可以很快补充夏季人们丢失的水分和消耗的能量。

西瓜除直接食用外，还可以榨汁做成饮料。西瓜皮同样具有清热解毒、止渴利尿的功效，吃完西瓜以后，可以将皮凉拌或者炒着吃，也是不错的选择。夏季半个瓜，药物不用抓。

推荐水果二：葡萄

夏天是水果最为丰富的季节，由于暑热，很多人胃口不佳，但有酸味的水果可以生津开胃，这个时候葡萄将是不错的选择。

葡萄含有极其丰富的葡萄糖和果糖，食欲不佳时，吃些葡萄可及时补充能量。葡萄中还含有促进消化吸收的有机酸，可增加人们的食欲。葡萄中所含的维生素、矿物质与上述营养成分一起可以兴奋大脑神经，具有提神醒脑的作用。吃葡萄不吐葡萄皮不仅是一句绕口令，而且确实有一定道理，因为葡萄皮中含有一种叫作花青素的抗氧化成分，它不仅可以抗衰老滋养皮肤，还可以消炎抗菌。

推荐粥类一：冰糖荷叶粥

夏季清热祛暑的粥类，大家一定首推绿豆粥或绿豆汤。不错，绿豆确实非常好。今天我想给大家推荐的是冰糖荷叶粥。

碧绿的荷叶从视觉上给人一种清新感，中医上讲，荷叶具有消暑利湿、健脾升阳、散瘀止血的功效。而从现代医学上讲，荷叶含有黄酮类物质，可清除自由基，荷叶中所含的生物碱有利于降脂抗病毒。

将鲜荷叶洗净，放入沸水中煮十分钟左右，会发现水变成黄色，然后捞出荷叶（如果喜欢粥中点点绿叶，也可将荷叶切丝，与米一起煮），放入大米，快熟的时候根据个人喜好放点冰糖。晚饭前早早将粥煮出来，晾在一边，吃饭的时候刚好喝。那股清新的荷叶味一定会激发你的食欲，伴你度过难耐的酷暑。

推荐粥类二：木瓜银耳红枣汤

黄色的木瓜、白色的银耳、红色的大枣，单看这三种食材就会让人赏心悦目。夏季里喝上一碗用这三种食材熬成的汤，不仅清凉解暑，还可美肤养颜。

木瓜营养丰富，软滑清甜。木瓜含有天然的植物多糖、蛋白质、木瓜酵素等。木瓜所含的氨基酸中包含了人体所需的全部必需氨基酸，并且比例接近人体蛋白。木瓜酵素不仅可以分解蛋白质，还可以分解脂肪，具有瘦身的作用。其所含的胡萝卜素及黄酮类物质，可以清除自由基，具有抗癌的作用。

银耳所含的银耳多糖、蛋白质、脂肪及胶脂，铁、钙、磷等矿物质，可以提高机体的免疫力，具有抗癌的作用，并可润肠通便。

红枣养胃健脾，补血养气。红枣中的环磷酸腺苷可以消除疲劳，增强肌力，改善心肌营养。

将木瓜切块，与红枣和泡发后的银耳一起煮，可根据口味，在煮熟前十分钟放入冰糖，晾凉后放入冰箱五分钟后食用，冰爽滑甜，开胃祛暑。

养心护阳夏三月

文/严 朔

　　夏三月是指从立夏到立秋前，这段时节天气转暖，温度升高，植物繁盛，雨水增多。中医认为，人和自然界是一个统一的整体，自然界的四季消长变化和人体的五脏功能活动相互关联对应。夏三月气候渐热，五行属火，与人体五脏中的心相对应，也就是说夏季心阳最旺盛，有利于人体心脏的生理活动。故人们在夏三月要重点关注心脏，学会养"心"。

心通夏气，宜护心阳

　　《医学源流论》曰："心为一身之主，脏腑百骸皆听命于心，故为君主。心藏神，故为神明之用。"

　　心为阳脏而主阳气，推动血液循环，维持人的生命活动，使之生机不息，故喻之为人身之"日"。心脏的阳热之气，不但维持了本身的生理功能，而且对全身有温养作用。"心为火脏，烛照万物"，故凡脾胃之腐熟运化，肾阳之温煦蒸腾，以及全身的水液代谢、汗液的调节等，都与心阳的作用分不开。心与夏气相通应，心阳在夏季最为旺盛，功能最强，因此要特别注意养心护阳。

重视静养，戒怒戒躁

一到夏天，有些人会感觉浑身不适，头痛、失眠、烦躁、坐立不安……想刻意进行调整，却萎靡不振、郁郁寡欢。这跟心的承受度有关。人的心理、情绪与躯体通过神经—内分泌—免疫系统互相联系，互相影响。情绪波动起伏，会引起机体的免疫功能下降，起居、饮食稍有不妥，就会发生各种疾病。特别是老年人，心肌缺血、心律失常、血压升高的情况并不少见。

所以，在夏三月养心护阳，要做好自我调节，保持一个良好的心态。重视静养，戒怒戒躁，切忌大喜大怒，保持精神安定。可多做偏静的文体活动，如绘画、钓鱼、练习书法、下棋、种花等。

晚睡早起，睡好午觉

夏季昼长夜短，养心护阳要顺应自然界阳盛阴衰的变化，睡眠方面也应相对晚睡、早起，以接受天地的清明之气，注意睡好"子午觉"，尤其要适当午睡，以保证饱满的精神状态以及充足的体力。

人生活在相对湿度为45% ~ 65%的环境中，感觉最为舒适，也最有益健康。夏季有时比较干燥，室内湿度达不到这个水平。如果每天早上起床后感觉嗓子和鼻子发干，就说明该给室内空气加湿了。

运动适度，不可过剧

夏季气温升高，人们容易出汗，"汗"为心之液，养心护阳要注意不可过度出汗，运动后要适当饮温盐水，补充体液。夏季运动不要过于剧烈，可选择如打太极拳、散步、慢跑等。

夏秋之交须防病

文/吕 忱

　　夏秋交替时对身体是一种考验，它必须在短暂的过渡时期很快适应下一个季节的气候环境才能保证健康，这也就意味着身体如果调节不及时，跟不上节奏，那么就很容易生病。

　　那么夏秋之交容易患哪些疾病呢？专家认为主要是呼吸、消化系统疾病，另外关节病、皮肤病也多发。这是因为夏秋之交天气多变，忽冷忽热，昼夜温度及空气干湿度差异变大，空气中有毒颗粒及致敏物较多，易导致伤风感冒，也会使慢性肺病复发，如哮喘、老慢支、慢性阻塞性肺疾病等。

　　人体受到冷空气的刺激，血液中的组胺酸增多，胃酸分泌增加，胃肠发生痉挛性收缩，加上此季瓜果成熟，食之不洁不慎，也会使胃痛、腹泻多发。

　　夏秋之交，一方面暑湿蒸腾尤在，另一方面又寒意袭人，极易诱发关节病；皮肤易被病源寄生虫和蚊虫叮咬，出现红肿且奇痒，搔抓后可继发细菌感染，出现脓疱疮（疹）等。

秋季养生"七要"

文／秦红群

一要早睡早起

秋季，自然界的阴气由疏泄转向收敛、闭藏。秋天气候转凉，要早些睡觉，以顺应阴精的收藏，又宜早一点起床，以顺应阳气的舒长。

二要适当"秋冻"

"秋冻"就是说"秋不忙添衣"，有意识地让机体"冻一冻"，避免多穿衣服而使身热汗出，汗液蒸发，阴津伤耗，阳气外泄。

秋季应顺应阴精内蓄、阳气内收的养生需要。但是"秋冻"还要根据天气变化来决定，应以自己感觉不过于寒冷为标准。进入深秋时就应注意保暖，若气温骤降，一定要多加衣服。

三要清静养神

秋季草枯叶落，花木凋零，秋风秋雨易使人感到萧条、凄凉，勾起忧郁的心绪。尤其是老年人容易情绪低落，多愁善感。这时候最好多听一听音乐，或静下来读一本好书，或与好朋友聊天，或到户外散步，这些都能排解苦闷。

四要适当运动

金秋季节，天高气爽，是运动锻炼的大好时机。人体的生理活动也随自然环境的变化处于"收"的阶段，即阴精阳气都处在收敛内养的状态，运动养生也要顺应这一原则，不要做运动量太大的项目，以防汗液流失，阳气伤耗。

应根据人体的生理特点来选择如登山、慢跑、散步、做早操、练气功等运动。随着天气逐渐转冷，运动量可适当增加，在严冬来临之前，体质会有明显提高，大大增强抗寒耐冻的能力。

五要护肤保健

秋季，随着天气的变冷，人的肌肤不能马上适应季节的变化，导致血液循环变慢，皮肤干燥。所以，秋季除了要多饮水及食用一些富含维生素 E 的食物如核桃、芝麻、蜂蜜、乳类等外，还要注意保持愉快的心情，因为荷尔蒙的分泌与自律神经的平衡可因心绪的变化直接反映在皮肤上。

六要防病保健

秋季气候变化较大，若不谨慎起居，则容易使一些慢性病在秋季发作。尤其是老年人，体温中枢的调节功能减弱，对外界寒热的刺激反应较迟钝，若不及时增减衣服，则容易发病。如支气管哮喘的患者，适应不了气候的变化，加上花粉、尘埃、煤气、冷空气等过敏因素的刺激而使哮喘发作。

慢性咽炎的患者，由于秋天气候多晴少雨，气候干燥，容易诱发咽炎的发作。因此，老年人在秋季一定要注意防病保健，尤其是一些慢性病要防止在秋季复发。

七要性事有节

在性生活方面，中医认为，在秋冬之令，应注意顺应自然界主收主藏的规律，节制房事，蓄养阴精。这点对中老年人特别重要。因为随着年龄的增长，阴气将由旺盛而趋向逐步减弱。故中老年人精力渐衰，是自然的趋势。中老年人节欲，以养肾精，可延缓衰老过程，达到长寿的目的。

养肺润燥正当时

文／郭长蕊

秋季在一年"生、长、化、收、藏"中处于"收"的阶段，在五气中为燥，五行为金，在人体脏腑中为肺。肺的制约和收敛功能在秋季最为旺盛，应当顺而养之。

秋令之时，燥气当令，易耗伤肺之津液，使肺失清肃而发生干咳、口鼻干燥等症状。《素问·四气调神大论》"逆秋气，则太阴不收，肺气焦满"，说的就是这个意思。因此，在秋季养生中应重视养肺气、滋肺阴。

秋季的饮食应以清淡为主，可以吃点润肺的水果，如梨、苹果等。还可以用点中药来泡水喝，如北沙参或百合配知母、天冬配麦冬（也可分开单独使用），还有玉竹、黄精等药物。另外多喝点水来补充体内阴液。

中医有个重要的治病养生原则"实则泄其子，虚则补其母"。肺为金，脾为土，土为金之母。故在秋季养肺阴，需要有好的脾胃。山药、莲子、百合、薏仁、大豆、大枣、板栗等，都是养脾胃的有效食品。

人体是一个相互联系的整体，所以我们还可以通过人体的经络穴位来养肺阴。可从本经选穴，也可从大肠经上选相关穴位，如肺经的鱼际和大肠经的曲池穴。

曲池是大肠经中"五腧穴"的合穴，可在每天的正午按压并轻揉2分钟。此时是一天阳气最盛之时，为"阳中之阳"，效果最佳。鱼际是大肠经"五腧穴"的荥穴，"荥主身热"，故对清肺的燥热有很好的效果，每天不拘时地掐按三分钟即可。

补肺气润肺阴还可以用肺俞穴、足三里和肚脐下1.5寸的气海穴，以及脐上4寸的中脘穴。

后背的肺俞我们无法摸到，可以用肺的募穴中府穴来代替。它位于人体第一肋骨间隙，距正中线旁开6寸，如果我们不能准确定位，可以用腕关节推按此区域。

足三里在小腿外侧，在膝关节外膝眼下3寸，用大拇指点按3～5分钟；气海穴、中脘穴在腹部，要用手轻轻按抚，不可太过用力。每天坚持，会使各位在干燥的秋冬季节，保护肺这覆盖诸脏的"华盖"不受燥邪的干扰。

如风骤来之疾：中风

文/彭 康 于汉力 谭敦民

中风，是一种严重危害人类健康的常见病，中老年多见。由于大多起病很急，恶化很快，状如疾风骤来，与自然界"风"的特点类似，所以人们称之为"中风"。中风是一种"三高"性疾病，即发病率高、死亡率高、致残率高。有中风史的患者，其中 1/4 ~ 3/4 可能在 2 ~ 5 年内再次中风。因此，加强防治至关重要。

一、控制高血压

控制高血压是预防中风的重点。高血压患者要遵医嘱按时服用降压药物，最好每日测一次血压，特别是在调整降压药物阶段。

平时要保持情绪平稳，饮食要清淡有节制，戒烟酒，保持大便通畅；适量运动，如散步、打太极拳等。

二、防止动脉硬化

防止动脉粥样硬化，关键在于防止血脂异常和肥胖，养成健康的饮食习惯，多吃新鲜蔬菜和水果，少吃含脂肪高的食物；适量运动；服用调血脂药物（如阿托伐他汀、辛伐他汀等）。

三、控制糖尿病

遵医嘱服用降糖药，定期测血糖，积极预防和治疗糖尿病并发症。合理饮食是治疗糖尿病的基本方法，可在医生的指导下，根据标准体重、工作性质与日常生活习惯，计算每日所需的总热量，然后换算成食谱。每餐要定时定量，限制吃糖，禁酒，多吃豆类食品和纤维素含量多的食品，如糙米、粗面、海带、海藻等。适量运动，运动疗法与饮食、药物治疗密切配合。

四、注意中风先兆

一部分患者在中风发作前常有血压升高、波动、头痛头晕、手脚麻木无力等先兆，发现后要尽早采取措施加以控制。

五、控制短暂性脑缺血发作

有短暂性脑缺血发作先兆时，应让其安静休息，并积极治疗，防止发展成脑血栓。

六、注意气象等因素的影响

季节与气候变化会使高血压患者情绪不稳，血压波动，容易诱发中风。因此，患者在穿衣、饮食、运动等方面都要顺应四时气候变化，保持良好的心情和心态。此外，在医生的指导下服用一些活血化瘀、改善微循环和改善脑功能的药物（如丹参滴丸、银杏叶片等），也有助预防中风的发生。

专家支招应对雾霾

文／李元硕

2013 年，"雾霾"成为年度关键词。我国多地频现雾霾，空气污染指数大幅上升，不少人戴上了口罩以防 PM2.5 的侵袭，同时，网上流传着吃黑木耳、猪血护肺，洗鼻、养绿色植物防霾等说法，这些观点有科学依据吗？

雾霾天气，口罩热销，很多人认为戴口罩能防 PM2.5。专家表示，戴口罩对进入肺部的空气有一定的过滤作用，但要注意合理选择及正确使用。

一次性口罩只能阻挡一些灰尘和粗大颗粒物，对细菌、PM2.5 等细小颗粒的阻挡作用很有限；相对来说，纱布口罩层数越多，阻挡作用越好。

N95 口罩的防护效果相对好些，但专家称不宜久戴，因为口罩越密闭，呼吸起来越困难，戴不好还可能因缺氧导致头晕，有心血管疾病的患者，更要谨慎。戴的时候要注意密合，在鼻梁处扣紧。若不能做到密合，就起不到防护效果。

专家提醒，并非人人适合戴口罩。呼吸道疾病患者特别是呼吸困难的人，心脏病、肺气肿、哮喘患者及孕妇，不宜长时间佩戴。

除正确选择外，口罩的戴法也有讲究。无论哪类口罩，都应每天进行清洗、消毒。清洗时，应先将口罩放入开水中烫几分钟，清洗干净后还需要拿到阳光下晾晒，这样才能起到杀菌、消毒的作用。佩戴后应将口罩放入干净的袋子，再戴时，不要翻面。

雾霾天，空气中的有害物质和粉尘较多，鼻子最受考验。外出归来，除了要及时洗脸、洗手、漱口外，还应清洗鼻腔。可用棉签蘸自来水或生理盐水清洗，以祛除积聚的细菌、病毒和过敏原。但应避免过度，否则可能造成鼻腔黏膜损伤。一般一天洗一两次即可。

绿色植物也成为公众面对雾霾天的选择之一，但专家认为，植物的光合作用在雾霾天受限，其改善空气质量的效果并不明显。大家可在阳台、室内种植绿萝、万年青等绿色冠叶类植物，因为其吸附力相对较强。仙人掌、散尾葵、虎皮兰、虎尾兰、龙舌兰等植物对阳光的依赖很小，能使空气中的负离子浓度增加，净化空气。

网上流传吃木耳、猪血能排毒的说法，专家表示并没有科学根据。木耳中的膳食纤维丰富，有助于裹挟一部分消化道中的杂质形成粪便排出，但PM2.5可直接进入肺泡，吃木耳很难起效。猪血对口腔内灰尘有一定的黏附作用，但医学上没有理论依据证明吃猪血可清理肺内的垃圾。希望通过饮食来调理、清除肺部污染物并不靠谱。但从保健的角度来说，食疗有助提高人体抵抗力，是值得提倡的辅助预防措施。

专家提醒，应对雾霾天或浓雾天，应牢记以下几点：

减少外出：雾霾天应减少外出，必须外出时，可戴口罩。

避开人群：尽量别去人多的地方，如超市、商场等。

停止晨练：雾霾天外出晨练会增加患呼吸系统疾病的风险。

清淡饮食：少吃刺激性食物，多喝水，多吃新鲜蔬菜和水果。

癌细胞自述

文／张　静

在很多讽刺画中，我是一个面目丑陋、头上长角、手里拿叉的恶魔。其实，我一出生就住在你们的身体里，而且并不丑陋，只是整天在沉睡。但你们呼吸的空气、喝的水、吃的食物、每天的生活习惯等等，让我逐步苏醒，并变得丑陋。

我是如何横空出世的

你们的身体，就像一个庞大的"细胞共和国"，里面住着近60～100万亿个子民。每分钟就有3亿个同胞死亡，然后新的同胞又生长出来。开始，我也只是其中再普通不过的一个。

原本我很苗条，直径只有大约10微米，用显微镜才能看到，但这些从我身体里跑出来的子子孙孙和我紧紧地贴在一起，成了一大团。当我分裂到100万个时，这一团体直径也只有1毫米，你们用任何医学检查仪器都发现不了；长到10亿个时，直径到了1厘米，医院里的B超、CT、核磁、PET等终于能发现我了。

但是，你们很可能因为没有任何不舒服而不去检查，任我就这样疯狂地生长下去；当你们终于能在自己的身体上摸到一个包块时，我的数量早就超过了 10 亿个。这是一个漫长的"潜伏"过程,最少需要 5 年,也可能是 10 年,甚至 30 年。

自从变丑以后,我的心也越来越狂野,不甘心居于一处,会顺着你们的循环系统、淋巴、血液,扩散到全身。破坏你身体里各组织、器官的结构和功能,让你痛苦不堪,最后离开人世。

我们能不能好好相处?

有了每天被"不正常"生活包围的你,才有了同样"不正常"的我。人类朋友们,在我还没发生癌变之前,我们要好好相处。吃点富含维生素 C 的黄、绿色蔬菜和水果,能让胃癌、肠癌、肺癌、子宫癌、前列腺癌等发病危险性大幅下降。此外,多吃生蒜能让人得胃癌的风险降低 60%。每天走路 1 小时,可以降低一半患大肠癌的几率。运动后出汗,还可使体内的铅、锶等致癌物质随汗水排出体外,从而起到防癌作用。运动能提高免疫力,可预防多种癌症。晒 15 分钟太阳,身体吸收阳光中的紫外线合成维生素 D,能起到防癌作用。不过,为避免暴晒增加皮肤癌的风险,每天晒太阳 15 分钟就可以了。睡够 7 小时,不少免疫力因子会在此时产生,它们犹如一个屏障保护着你。睡饱了,免疫力增强了,我们癌细胞想要"进攻"人体的难度就大多了。少吃点糖,作为一个癌细胞,我最喜欢的"食物"就是糖,你的血液里 57% 的糖分都用来滋养我,让我无法控制地越分裂越多。所以,含糖食品,还是少吃或不吃。

在我漫长的成长过程中,你们仍有机会改正错误——定期检查,尽早发现我。然后一定要听医生的话,该吃药的吃药,该手术的手术,千万别对我手软。

冬日起居养生八字经

文／王延群

寒头

中医认为，头为诸阳之会。倘若头部温度太高，不但对健康不利，甚至会成为致病因素。唐代名医孙思邈在《备急千金要方》中说过："人头边勿安火炉，日久引火气头重目赤，睛及鼻干。"又说："冬日冻脑……圣人之常法也。"有的老年人一到冬季，即使在家里也用毛棉帽子严严实实地护着头部，以为这样可以防寒抗病，其实头部护得太严了往往适得其反，更容易伤风感冒。

保持头部低温还有助于安眠，能帮助提高睡眠质量。但有些人冬天怕冷，喜欢用被子覆盖头面睡眠，这样既妨碍呼吸新鲜空气，又会使头部温度过高，对人体健康是有害无益的，应当遵循"寒头"的原则，尽早改变这种不良的睡眠习惯。

冷面

是指用20℃左右的冷水洗脸。冷水洗面，可以提神醒脑，特别是早晨用冷水洗脸对大脑有较强的兴奋作用，可以迅速驱除倦意，振奋精神。冷水洗面，还可以促进面部的血液循环，增强机体的抗病能力。

温齿

是指用35℃左右的温水刷牙和漱口。我们知道，人体口腔内的温度是恒定的，牙齿和牙龈在35℃左右温度下才能进行正常的新陈代谢。如果刷牙或漱口时不注意水温，经常给牙齿和牙龈以骤冷骤热的刺激，则可能导致牙齿和牙龈出现各种疾病，缩短牙齿寿命。

特别是在冬季气候寒冷的时候，刷牙漱口时更要注意用温水。有研究资料表明，用温水刷牙有利于牙齿的健康，反之，长期用凉水刷牙，容易出现牙龈萎缩、牙齿松动脱落的现象。

暖足

从传统医学上讲，双足是人体阳经和阴经的交接地点，有诸多穴位，对全身的气血运行起重要作用。从现代医学讲，足部为肢体的末端，又处于人体的最低位置，离心脏最远，血液循环较差，最易受到寒邪侵袭，因而有"寒从脚起"之说。可见，暖足对保证身体健康是十分重要的。

其实，最好的暖足方法是每晚在临睡前用热水（水温45℃~50℃）泡脚和洗脚，这样既可以驱散寒气、温暖全身、促进全身血液循环、消除疲劳，又具有健脑强身、提高睡眠质量的作用。

良好的养生习惯是健康长寿的基本保证。中老年人在每日起居养生中，若能长期坚持"寒头、冷面、温齿、暖足"的八字保健方法，必会大受其益。

中老年人冬季预防心脑血管病六对策

文/雁 群

心脑血管病四季均可发生，但是冬季天气寒冷，血管收缩，代谢增高，人体处于一种应激状态，此外，感冒、肺炎等呼吸系统疾病也会加大心脏的负担，故而每年的冬季是中老年人心脑血管病的高发期。针对这个时候的气候特点，采取有效预防措施，是可以减少意外发生的。

对策一：慢起床莫慌张

清晨醒后养神五分钟再起床活动。因为清晨人体的血管应变力最差，骤然活动易引发脑血管疾病。冠心病人睡眠醒来后须先在床上躺一会儿，待"醒透"后再起床，避免心绞痛、中风等发作。

对策二：及时增加衣物

"春捂秋冻"要因人而异，中老年人体温调节能力差，还是及时加减衣服为好。温度骤降会引起机体强烈反应。温度下降3℃～5℃，人体通过轻微的反应就适应了，大部分人不难受也不会患病。一旦降温10℃以上就要引起注意了，保持37℃体温是维持正常生理功能的需要，衣服如果穿得不够，人体反应会很强烈。首先是末梢循环血量降低以减少中老年人冬季预防心脑血管病"四对策"热量往外散发，脸色、嘴唇发白、发紫。机体在应激反应时，体内肾上腺素会升高，全身小动脉收缩，外周阻力增加，血压升高。

对策三：及时监控血压

秋冬季心脑血管疾病的高发原因与血压的骤然波动有关。高血压患者更要加强自我监控，增加测量血压的次数，了解血压在一天里的变化。早晨清醒后即刻测量最重要，测量后马上服药（冬天第一次服药一定要在晨起时服，不要吃完早饭再服）。6～9点出现脑血管意外的可能性最大，中午12点以后的可能性减小。最好在运动后即刻或外出回家后先量血压，此时血压如超过正常标准，可能活动量过大或药物量不够。应在医生指导下调整药物的种类、用量与服药时间等。

对策四：摄入足够的水分

在秋冬季，吸入干燥空气，呼出湿润的废气，无形中带走人体的大量水分，造成血黏度增高，加上中老年人血管弹性下降，很容易引发心脑血管疾病。所以，应注意摄入足够的水分。保证每天半斤水果和1～2斤蔬菜，而且进餐时有汤和粥类，满足每日人体需要水的一半。另一半在晚睡前、起床后、晨练中、洗热水澡后，尤其在运动有出汗的情况时，各喝300毫升水，总量大约1500～2000毫升。在运动中补充水以少量、多次、缓饮为佳。还可在每次锻炼后或进餐前半小时吃点有滋阴、润肺、补液生津作用的保健品。

糖尿病患者冬季应注意护足

文／东方慧

糖尿病患者应该注重足部的护理，尤其是冬天，天气寒冷，人体末梢血运不良，如果患者的足部保暖措施采取不当，极其容易导致糖尿病足的发生。糖尿病足是指由于糖尿病患者血管病变导致肢端缺血和周围神经病变而失去感觉，如果并发感染可出现肢端坏疽，是糖尿病患者致残致死的重要原因。

严格控制血糖

糖尿病患者防止糖尿病足的发生最重要的一点就是严格控制血糖，平时注意血糖的监测。

做好足部保暖

入冬后，糖尿病患者应做好足部的保暖工作。首先要细心选择鞋袜，尽量穿宽松舒适、质地柔软、保暖性强、透气性好的鞋袜。另外，衣服穿少了脚也容易发凉，一定要根据天气情况及时增加衣物，而且天冷时要尽量减少外出时间。晚上如果用热水袋或者电热宝等取暖设备暖脚时，应注意温度不能太高，因为糖尿病患者常伴有末梢神经病变，脚趾的痛、温觉出现障碍，对温度的感觉比较迟钝，有些人在感知烫和痛觉之前，已经发生了严重烫伤。因此夜间可以采用多层袜套取暖，也可以用毛巾将热水袋包裹后再用。

保持足部卫生

糖尿病患者要经常洗脚或用常温的水泡脚，这有助于增加足部血液循环，能起到清洁足部、防止感染的作用。因为患者对温度的刺激反应迟钝，因此水温不宜太高，宜在42℃以下，避免因水温过高引起烫伤引发感染坏死。洗脚前最好由家属代试水温，泡脚后要选用软毛巾将水擦净，尤其是足趾间更要保持干燥。鞋袜也要及时更换清洗，防止鞋袜内有异物造成足部硬伤的发生。

脚上如果长了鸡眼、老茧，最好到医院找医生给处理，不要自行解决，以防误伤、感染等情况出现。

注意生活细节

平时糖尿病患者切忌久坐不动，不要采用交叉盘腿式或者一侧下肢压在另一侧下肢上的坐姿，以免压迫血管和神经。坐时尽量抬高足部，促使静脉血液回流。还要注意站立或行走的时间不宜过长，否则会加重足部负荷，导致静脉回流不良，酸性代谢产物产生过多且蓄积为害。再者，冬季足部容易干裂，可将润肤霜均匀涂擦在足部，汗脚则可洒些滑石粉。

另外，糖尿病患者要养成良好的生活方式，一定要戒烟限酒，消除所有诱因和不良因素。

及时就医检查

患者每天洗完脚要检查一遍足部，脚踝、脚背、脚底以及趾缝，如果发现有皮肤干裂、湿冷、水肿、肤色变暗、感觉缺失、趾甲变形或局部红肿热痛等都要尽早到医院就诊，这些症状都暗示足部已经发生了病变。

远离老年抑郁症的困扰

文／栗　婕

　　70岁的周婆婆在老伴过世后变得少语少动。一开始家人以为老人是因为太悲伤，过段日子就会好转，未引起重视。渐渐地，周婆婆越来越不爱说话，对什么事都没有兴趣，还老爱忘事。儿女认为这是周婆婆年纪大了，得了老年性痴呆，也没什么治愈的方法，就没有及时送母亲去医院。

　　在一个周末的下午，周婆婆在家偷偷吃下安眠药自杀，幸好被及时发现送往医院才得以脱离危险。医生在进一步检查和询问相关情况后告诉周婆婆的儿女，老人患上了抑郁症。

　　一项调查表明，在55岁以上老年人中罹患抑郁症的比例高达10%～15%。令人担心的是，多数具有抑郁倾向的老年人主要表现为沉默寡言，而这往往被老人及其家属所忽视，结果导致病情进一步发展。除了有强烈的孤独感和沮丧感，记忆力、判断力、决断力和学习能力大大下降外，患有抑郁症的老人还可能有越来越强烈的自杀企图，甚至开始实施轻生计划，最后极可能酿成灾难性后果。

　　引发老年抑郁症的因素很多。首先是随着年龄的增大，老年人大多会患慢性疾病，这使得他们常常感到心情沮丧，无奈而抑郁。

另外有些疾病本身存在抑郁的症状，如老年性痴呆、帕金森等病都会存在乏力、睡眠障碍、注意力困难、悲观忧虑、食欲不振等类似抑郁症的症状，所以有时就很难区分是疾病的抑郁表现，还是疾病并发的抑郁症。因此，老人容易在关注躯体疾病时忽视心理问题。所以家属要积极关注家中慢性病老人的精神状态，以预防抑郁症的发生。

其次是许多老年人需要规律地服用多种药物以治疗自己的躯体疾病。有些药物如心血管药物（心得安、利血平）、激素（肾上腺素、糖皮质激素）、甲基多巴、左旋多巴等，会加重或引起类似抑郁症的症状。

但是每种药物的反应存在较大的个体差异，所以因药物引发抑郁的程度也会有较大的区别。如果老人长期服用这些药物，要注意自己的心理变化。

1. 性格内向者。性格内向的老年人大多数孤僻喜静，不善言语，想法不愿意外露，不敢向他人倾诉苦闷，从而不知不觉中加重了自己的内心冲突，因而易患抑郁症。

2. 患病者。患有躯体疾病的老年人，在日常生活中大多不能自理，需要亲属的照顾，从而增加了自卑感；如再加上子女态度不好，便会忍气吞声，不敢发泄痛苦，因而易患抑郁症。

3. 丧偶者。老年人一旦失去了与自己风雨同舟几十年的老伴，便会精神不振，情绪消沉，从而易患抑郁症。

4. 经济拮据者。不少老年人没有经济收入，依靠子女的赡养。自己没有经济上的支配权，生活不自由，而且患病后造成家庭经济负担加重，往往使老年人产生无用、失望和抑郁心理。

5. 独居者。独居的老年人深居简出，没有安全感和依赖感，有话无处说。

6. 文化程度低者。文化程度低的老年人，兴趣窄，爱好少，缺乏精神寄托，不利于保持心理平衡。

7. 离退休者。高级别干部离退休后，面对权力的失去、社会地位及人际关系的变化，一时难以适应，从而产生失落感、自卑感，导致情绪消极，从而易患抑郁症。

另外，家庭纠纷、与邻居吵架、子女就业、亲属意外死亡、性生活不满意等生活事件，均会对老年人造成不良刺激，使其心理防卫及适应能力下降。几种因素掺杂在一起，更容易增加老年人患抑郁症的可能。

敬　启

《人生从60岁开始：〈老年博览〉2013年度精选》由《老年博览》杂志社编选，虽经多方努力，截止发稿时尚有部分作者未能取得联系，敬请未联系到的作者见谅并来电来函，以便我们尽快奉寄稿酬和样书。

通讯地址：甘肃省兰州市读者大道568号

邮　　编：730030

联 系 人：《老年博览》编辑部

联系电话：0931-8773072

图书在版编目（CIP）数据

人生从60岁开始：《老年博览》2013年度精选／《老年博览》杂志社 编. —北京：东方出版社，2014.4

ISBN 978 -7 -5060 -7393 -6

Ⅰ.①人⋯　Ⅱ.①老⋯　Ⅲ.①老年人–生活–中国　Ⅳ.①D669.6

中国版本图书馆 CIP 数据核字（2014）第 062887 号

人生从60岁开始：《老年博览》2013年度精选
（RENSHEGN CONG 60 SUI KAISHI：LAONIANBOLAN 2013 NIANDU JINGXUAN）

编　　者：《老年博览》杂志社
责任编辑：蒋芳仪
出　　版：东方出版社
发　　行：人民东方出版传媒有限公司
地　　址：北京市东城区朝阳门内大街166号
邮政编码：100706
印　　刷：三河市金泰源印装厂
版　　次：2014年5月第1版
印　　次：2014年5月第1次印刷
印　　数：1—6 000 册
开　　本：710 毫米×1000 毫米　1/16
印　　张：17.25
字　　数：195 千字
书　　号：ISBN 978 -7 -5060 -7393 -6
定　　价：32.00 元
发行电话：(010) 65210056　65210060　65210062　65210063